「つくる

この本は、
いわゆる
「工作」の本ではありません。
お手本と同じものを
作る本でなく、
こどもの心とあたまを
成長させる本です。

アルミホイルを
やぶる、
紙をまるめる、
ストローを切る。

上手につくる
必要なんて
ない。

きもち

」って、

ページを
ひらいて、
「これ、やってみたい！」と感じたものを
気楽に、自由に、つくってみてください。
本に書いていないことも、
思いついたら、ためしてみて。
きっと、これまで見たことのないほど
真剣なこどものまなざしに
出会えると思います。

手を動かせば、
たくさんのきもちが
生まれてくる。

新しく
なにかができる、
それだけで
純粋に楽しいんだ。

いい！

「つくる」ことで生ま

これまでの「工作」では、説明書どおりに「完成させる」ことしかできませんで

きれいだな
すごい

美への
興味

色や形の
センス

こだわり

なんで
だろう

疑問

考える力

ものごとへの
興味・
関心

いいこと
思いついた!

ひらめき・
アイデア

生み出す
力

創造性

こうなってるんだ
こうなるんだ

思考力

発見

洞察力

こどもは
思いと経験のくりかえしで
成長する

毎日の生活での発見　「つくりたい」　つくる

つくる　「もっとつくりたい」　かたち

うまく

自信

れるいろんなきもち

した。でも本書では、「つくる」ことを通してたくさんの感情を得られるのです。

「つくる」ってきもちいい！ **2**
「つくる」ことで生まれるいろんなきもち **4**

1章 さわってみよう、ためしてみよう

さあ、いろんなものをさわってみよう、ためしてみよう **10**

まるめてみよう **12** ／ やぶいてみよう **14** ／ あつめてみよう **16**
はってみよう **18** ／ 切ってみよう **20** ／ つなげてみよう **22**

column つくった「もの」に対する声かけ **24**

2章 いろんなこと・もので、つくってみよう

いろんなこと、つくろう！ **26**

とばす

〇〇が入ったボール **28** ／ 指ではじいてピョン！ カラカラ **30**
わりばしぶくろの紙ひこうき **32** ／ おふろでジャンプ！ **34**
わゴムでとばす **36** ／ せんたくばさみのはっしゃ台 **38**

ころがす

ボールをつくる、ボールをなおす **40** ／ ペットボトルのガラガラ、ゴロゴロ **42**
すきまテープのビー玉コロコロゲーム **44** ／ クリップのキャタピラー **46**
ガチャガチャ玉のゲートボール **48** ／ 小さい玉をゆっくりころがす **50**

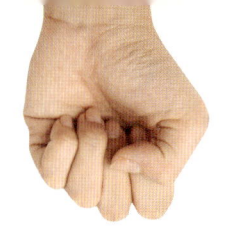

くっつ ける

葉っぱの絵本 52 ／ むげんぐるぐる 54

おえかき 紙皿ぶんかいパズル 56 ／ ストローつなぎでけんけんぱ 58

せんたくばさみ人間 60 ／ ビニールタイのさかなつり 62

はずま せる

ふわふわボール → あわあわボール 64 ／ スポンジはどっち？ 66

エアパボール 68 ／ ボクシングのれんしゅう 70

せんたくばさみのバネ 72 ／ とうめいヨーヨー 74

かさねる

三角のかんたんパズル 76 ／ スポンジタワー 78

トングでつまんでかさねる 80 ／ ぎゅうにゅうパックの三角がさね 82

ピサのしゃとうにチャレンジ！ 84 ／ セロハンテープの水しょう板 86

ならべる

ぎゅうにゅうパックのテリトリー 88 ／ 紙コップのベッド 90

ペットボトルのキャップをならべて 92 ／ かがみの上につくる 94

ぽわっとふくらむ本 96 ／ いろいろなものを立ててならべる 98

いたずら

ニセモノのぎゅうにゅう 100 ／ ニセモノの手 102

ニセモノのえんぴつ 104

column

「つくる」ことに対する親のがんばりどころ 106

3章 すきなもの、いっぱいつくろう！

すきなもので、あそぼう！ 108

おひめさま
レースペーパーのティアラ 110 ／ クリップのシャンデリア 112
エアーパッキンのテディベア 114

ヒーロー
ヒーローのマスク（すがおをかくせ！） 116 ／ ヒーローのへんしんベルト 118
あくまの右手 120

ままごと
ケーキの箱のお店 122 ／ アルミホイルのフライパン 124
ふうとうのざるそば 126

どうぶつ
犬のおさんぽ 128 ／ アルミホイルのアルパカ 130
しっぽのある生活 132

せいかつ
けいたい電話とスマートフォン 134 ／ コインづくり 136
ふうとうでバッグをつくる 138 ／ 手がたの手紙をおくる 140

きせつ
さくらでさくらの絵をかこう 142 ／ こおりのたからもの 144
紙ぶくろのハロウィンおばけ 146 ／ マスキングテープのクリスマスツリー 148
おみくじさいころ 150

ひみつ
3日間のひみつをつくる 152 ／ うずまきがたひみつきち 154
長くてくらいトンネルきち 156
おもな材料別さくいん 158
おわりに 159

さわって
みよう、
ためして
みよう

この章しょうでは、そざいをあつめて、
まるめたりちぎったり、
道具どうぐを使つかって切きったり
はったりする、
はじめての「つくる」を
しょうかいしていきます。

1

さあ、いろ さわって ためして

んなものをみよう、みよう、みよう

この本をよんで
つくったものは、
たからものにしてもいいし、
すててもいい。
それであそんでもいいし、
もっとすごいものに
つくりかえていってもいい。
くふうして、どんどん
「つくる」を広げていこう。
まるめる、ちぎる、ならべる。
とぶ、うかぶ、つながる、大きくなる。

おうちにあるものを使って、
いろんなことをためしてみよう。
ふわふわしてる？　キラキラしてる？
ぴったりあう？

つぎのページから、
いろいろなあそびを
しょうかいして
いくよ！

手を動かせば、きれいなかたち！

まるめてみよう

 ティッシュペーパー

ようきに入れた水

皿

とうめいラップ

ティッシュをまるめる

1

つけるのはこのくらい

ようきに水を入れ、1まいのティッシュペーパーを水につける。

2

ギュッ　ふわっ

両手でにぎり、「まる」をつくる。

のせる皿があるといくつもつくりたくなるよ

とうめいラップをまるめる

1

くしゃ
くしゃ

2

これ
なんだ?

まんまるを
つくりたいきもち

とうめいラップを出したら、くしゃっとまるめる。

> おうちの人が切るときは、こどもの目の前で見せながら。

両手でくるくる、まるめて「まる」をつくる。

ほかにもまるめてみよう

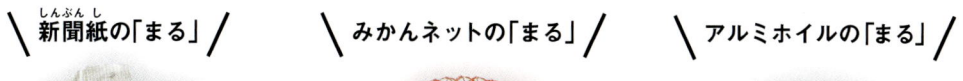

＼新聞紙の「まる」／

ガサガサ

＼みかんネットの「まる」／

ボヨヨン

＼アルミホイルの「まる」／

カチコチ

きもちいい！ 数もふえるよ

やぶいてみよう

用意するもの アルミホイル おりがみ 新聞紙

アルミホイルをこまかくやぶる

1

アルミホイルを出して切る。

 おうちの人が切るときはこどもの目の前で見せながら。

2

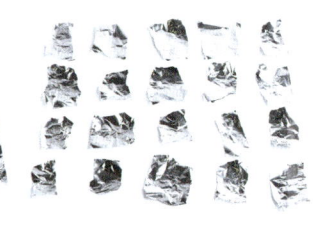

まんなかでやぶる。　10回やぶる。　20回やぶる。

そざいを楽しむ

おりがみをまるくやぶる

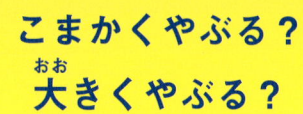

こまかくやぶる？
大きくやぶる？

ピリ
ピリ…

おりがみを半分におり、まんなかをまるくやぶる。

新聞紙を大きくやぶる

1

ビリ　ビリ　ビリ！

からだをいっぱい使ってやぶる。

2

ピリ　ピリ　ピリ……

細く切りさくように、やぶる。

やぶったものは
レジぶくろに
入れて、
しばれば
ボールになるよ

これ、なにができるかな？

あつめてみよう

→ たとえば…

用意するもの　おうちにあるもの　・ペットボトル　・エアーパッキン　・リボン、ひも　・ぎゅうにゅうパック など

見つけて、あつめる

\ ペットボトル /

キャップも、ようきも、じょうぶ。デザインもいろいろある。

よくあらってかわかしてから使ってね。

\ リボン、ひも /

プレゼントなどにかざりとしてついているよ。見つけたら、すこしずつとっておこう。

\ エアーパッキン /

こわれやすいにもつを守るために使うよ。

\ ぎゅうにゅうパック /

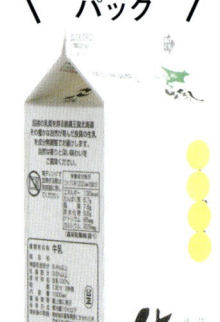

水に強い。はさみで切れる。内がわが白い。もようもいろいろ。すごくりっぱなあつ紙。

\ わりばし /

\ プラスチックのようき /

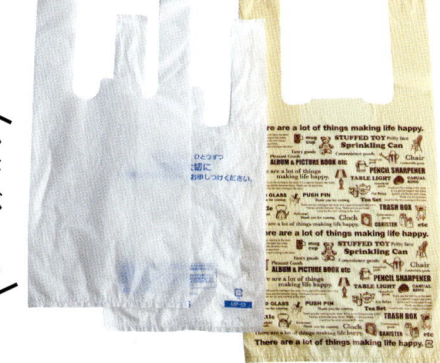

本物（ほんもの）の木（き）でできているよ。かたい木（き）、まるい木（き）、いろいろある。

軽（かる）くて、うすくて、じょうぶ。

とうふのようきは
でこぼこの
もようが
みりょくてき。

| レジぶくろ |

色（いろ）も大（おお）きさもいろいろ。中（なか）にたくさん入（い）れられて、べんり。

ほかにもあつめてみよう

\ ティッシュペーパーの箱（はこ） /

| ガラクタ |

\ 紙（かみ）コップ /

\ たまごパック |

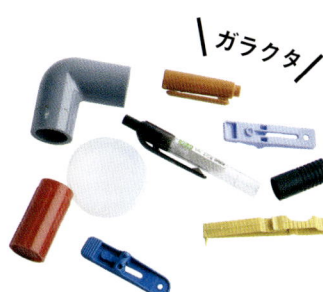

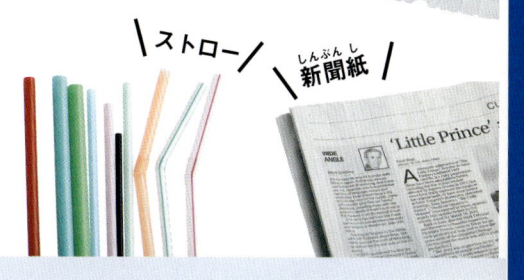

| ストロー |

| 新聞紙（しんぶんし） |

あつめたいきもち

「つくりたいきもち」と「あつめたいきもち」はとてもにている。ゴミだと思（おも）うものも、かたち、そざい、もよう、手（て）ざわり、デザインなどに注目（ちゅうもく）すれば、みりょくがいっぱい！

テープによって、くっつき方もちがうよ

はってみよう

 セロハンテープ ようじょうテープ ガムテープ ビニールテープ

マスキングテープ シールやふせん ぎゅうにゅうパック

セロハンテープを切る

ななめ下にひっぱるよ！

かた手で出し、みじかく切る。

ポイント
両手で切ると作業が止まるので、かた手で切れるようにセロハンテープ台を使いましょう。

はがしやすい！

ようじょうテープをはる

ぎゅうにゅうパックを2本ならべ、ようじょうテープをはって、くっつける。

養生テープとは
ガムテープよりはがしやすい、かんたんに手で切れるテープです。

はりたいきもちで顔をつくろう

牛乳

ガムテープをはる

じょうぶ！

白い
ガムテープを
使ったよ

ガムテープをしっかりとはる。

ビニールテープをはる

ピタッとくっつく！

ビニールテープをはさみで切って、まわりにはりつける。

マスキングテープをはる

色やがらが
たくさん！

マスキングテープを手で切ってはる。

セロハンテープではる

とうめいで
目立たない！

おりがみを切って、セロハンテープで上からかさねてはる。

シール・ふせんをはる

色が多くて
はがしやすい！

丸シールやふせんをはって、顔のできあがり！

19

チョキチョキ、ザクザク、パチン！

切ってみよう

用意するもの

 はさみ

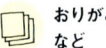 おりがみ など

 マジック ペン

だん ボール

プラスチック ようき

うすい紙を切る

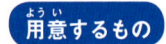

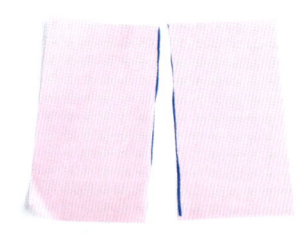

マジックペンで まっすぐの線を かいて、はさみ で切る。

マジックペンで ぐるぐるの線を かいて切る。

紙を まわしながら 切ってね

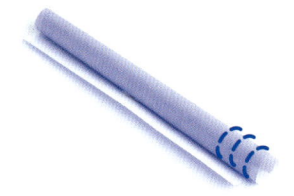

紙をくるくると まいて、ぼうに してから、こま かく切る。

だんボールを<ruby>切<rt>き</rt></ruby>る

かたいよ！

はさみのねもとを<ruby>使<rt>つか</rt></ruby>って<ruby>切<rt>き</rt></ruby>る。

うすいプラスチックを<ruby>切<rt>き</rt></ruby>る

はさみの<ruby>先<rt>さき</rt></ruby>ですこしずつ<ruby>切<rt>き</rt></ruby>る。

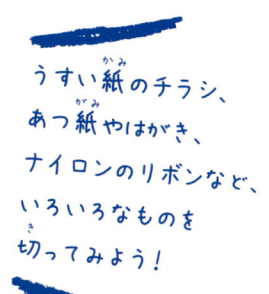

うすい<ruby>紙<rt>かみ</rt></ruby>のチラシ、
あつ<ruby>紙<rt>がみ</rt></ruby>やはがき、
ナイロンのリボンなど、
いろいろなものを
<ruby>切<rt>き</rt></ruby>ってみよう！

はさみの<ruby>正<rt>ただ</rt></ruby>しい<ruby>持<rt>も</rt></ruby>ち<ruby>方<rt>かた</rt></ruby>を<ruby>知<rt>し</rt></ruby>ろう

◎OK！（オーケー）

<ruby>右<rt>みぎ</rt></ruby>のあなに<ruby>親指<rt>おやゆび</rt></ruby>を、<ruby>左<rt>ひだり</rt></ruby>のあなに<ruby>中指<rt>なかゆび</rt></ruby>と<ruby>薬指<rt>くすりゆび</rt></ruby>を<ruby>入<rt>い</rt></ruby>れ、<ruby>人<rt>ひと</rt></ruby>さし<ruby>指<rt>ゆび</rt></ruby>はそっとそえる。

○OK！（オーケー）

<ruby>右<rt>みぎ</rt></ruby>のあなに<ruby>親指<rt>おやゆび</rt></ruby>を、<ruby>左<rt>ひだり</rt></ruby>のあなに<ruby>中指<rt>なかゆび</rt></ruby>を<ruby>入<rt>い</rt></ruby>れ、<ruby>人<rt>ひと</rt></ruby>さし<ruby>指<rt>ゆび</rt></ruby>はそっとそえる。

×NG！（エヌジー）

<ruby>右<rt>みぎ</rt></ruby>のあなに<ruby>親指<rt>おやゆび</rt></ruby>を、<ruby>左<rt>ひだり</rt></ruby>のあなに<ruby>人<rt>ひと</rt></ruby>さし<ruby>指<rt>ゆび</rt></ruby>を<ruby>入<rt>い</rt></ruby>れる。これでは<ruby>切<rt>き</rt></ruby>るときに<ruby>安定<rt>あんてい</rt></ruby>しないよ。

どんどん大きくなるのが楽しい

つなげてみよう

用意するもの

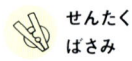 せんたく
ばさみ

 レシート

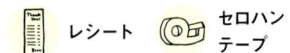 セロハン
テープ

 ビニール
タイ

せんたくばさみをつなげる

1

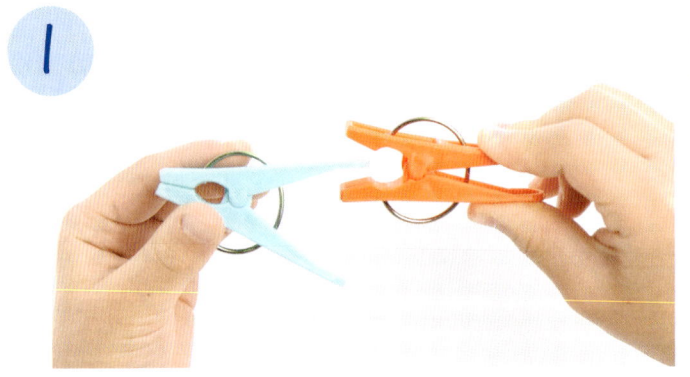

2つのせんたくばさみ
をはさんでつなげる。

もっともっとつなげる。

2

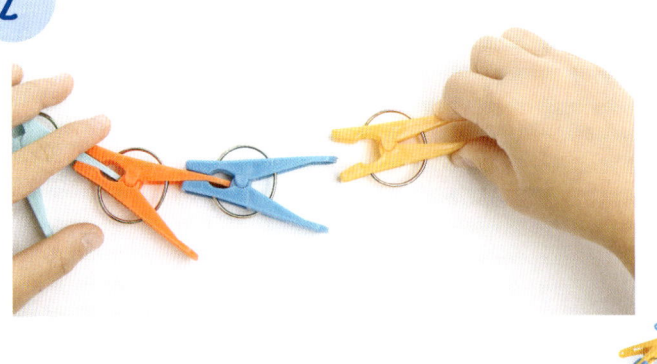

たくさん
つなげると
まるくなるよ

レシートをつなげる

身のまわりのものを
つなげてみよう

1

2まいのレシートをセロ
ハンテープでつなげる。

2
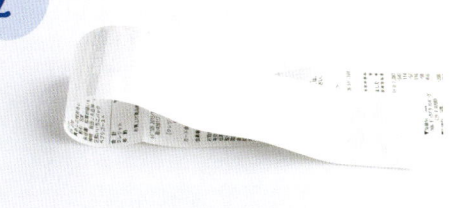
もっとつなげる。

長くつなげて
まいてみよう

ビニールタイをつなげる

1
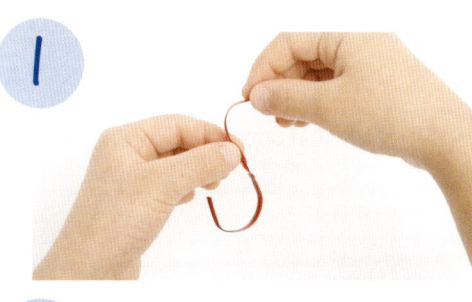
ビニールタイをえい語
の「S」のかたちに曲
げる。

2

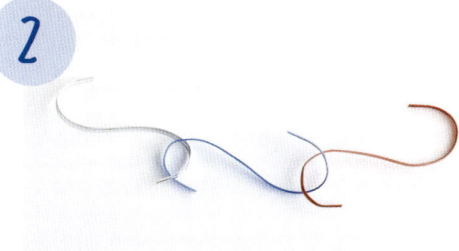
「S」に「S」をひっかけ
てつなげる。

ビニールタイの
S字フックだよ

> **ビニールタイとは**
> ● パンやおかしのふくろを
> とめているはりがねです。

column ┆ つくった「もの」に対する声かけ

こどもが見せにきたとき、ついついかけてしまう「がんばったね〜」の声。

しかしこれだと、がんばったからほめられた、としかこどもは捉えません。

こどもは「作品」を見せているのです。工夫、動き、サイズに質感。表現できていないところが、たくさんあっても、そこは、親と子の関係を存分に活かして、目と目を合わせて「いいね！」というきもちを表現してあげましょう。

「ここが良い」とか「ここが面白い」といった部分の評価ではなく、全体を通した「作品」だからこそ、目線やハグでまるごとほめ、共感をしめすのです。

こどもにとっての創作の先に、なにかが広がるかどうかは、このような親のかかわり方から生まれる場合が多くあります。

でも、親が感心するくらいホントに良い作品ができちゃった、工夫がうまくいった、という場合は、親子の言葉でおもいっきりほめてあげてください。

また、つくっているときにもついつい声をかけたくなるものですが、それも必要ありません。とくに「がんばってつくろう」は、絶対に NG。

こどもは今、一心不乱に自分の作品に没頭しているのですから、その表情や行為を親は存分に楽しんでください。それだけで充分です。

ただ、そろそろセロハンテープが必要かな？　とか、はさみでまっすぐ切る方法を教えてあげようかな？　など、気を回して準備はしてあげてください。

そざいを
楽しもう!

いろんな
こと・もので、
つくって
みよう

この章では「とばす」「ころがす」
「くっつける」といった7つのテーマで、
つくるアイデアをしょうかいしていきます。
テーマごとに年齢別の目安が
ついているので参考にしてみてください。

2

かさねる

ならべる

80ページ
トングでつまんで
かさねる など

いたずら

100ページ
ニセモノの
ぎゅうにゅう など

いろん
つくろ

くっつける

とばす

52ページ
葉（は）っぱの
絵本（えほん） など

90ページ 紙（かみ）コップのベッド など

42ページ
ペットボトルの
ガラガラ、
ゴロゴロ など

ころがす

なこと、う！

はずませる

74ページ
とうめい
ヨーヨー
など

32ページ わりばしぶくろの
紙（かみ）ひこうき
など

すきな「ふわふわ」を入れよう
〇〇が入ったボール

あててみて!!

これができる！　ものの出し入れを楽しんで、重さや材質をしらべる経験ができます。

用意するもの

レジぶくろ

ふくろに入れる
〇〇

たとえば…

- こんぽうざい
- エアーパッキン
- スポンジ
- くつした
- タオル
- レジぶくろ など

1

ふくろをあつめよう。

小さいふくろなら、小さいボールに、大きいふくろなら、大きいボールになるよ

2

ふわふわ

ボールのなかみになりそうなものをふくろに入れる。

軽くてふわふわしたやわらかいものがおすすめ

3

むすんだら、なげて
あそぼう。

えいっ

ポイント
● くしゃっとしたレジぶくろを使うので、つるつるのボールよりつかみやすくなります。

4

なにが入ってる？

ふくろからなかみを
出し、なにが入って
いたか、見てみる。

5

どうなる？

つぎはタオルを
はずしてみよう

もう一度入れなおし
て、なげてみよう。

ポイント
● 出し入れをくりかえすのが楽しい！ 入れたものでボールの重さやとび方がかわるのをたしかめてみましょう。

はねてドキドキ！　くりかえしのあそび

指ではじいて ピョン！ カラカラ

これができる！　うまくとばせるか何度も試して、探究心をのばします。

用意するもの

紙コップ

ストロー

はさみ

1

ドキドキ

ぐーっ…

紙コップを横にたおしたら、上から指でおしつぶす。

2

ピョン！ カラカラ…

そのままはじいてみよう。

ポイント
● どの角度でどれくらいおしつぶせばうまくとぶか、さぐりましょう。

3

えいっ

パチン!

ほかにも

ストローを、はさみ
でみじかく切る。

4

ピューン!

とんだ!!

指ではじく。

ポイント
● ものによってはずみ方が
ちがうのをたしかめま
しょう。

いろいろはじいてみよう

\ 小さい紙コップ /

ぐっ

カラカラ

トン

\ 大きい紙コップ /

ぐっ

ガタガタ

ポン

\ トイレットペーパーの
しん /

ぐっ

パタン

スッ

いきをふきかけて とばそう

わりばしぶくろの 紙ひこうき

ピュー！

これができる！　はねの位置を調整してとび方を工夫できます。空気の力を感じて。

用意するもの

わりばしのふくろ

クリップ

ふせん
（長さ3〜7cmがおすすめ）

セロハンテープ

ストロー

ふせんがなければおりがみを8等分くらいにしてね

1

パタン

パタン

わりばしのふくろの先を三角におる。

まんなかに

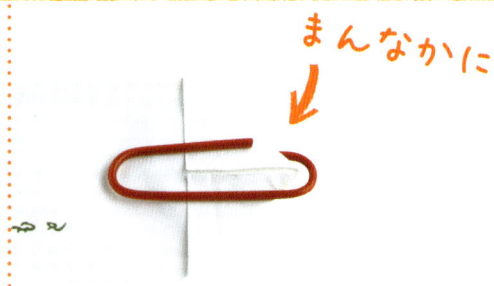

クリップでとめる。

はねをつくる

2

ななめにふせんをはる。

ぱたぱた

それぞれ、ななめに軽くおる。

3

上だけテープでとめる

このとんがりが「びよく」

ふせんをおってびよくをつくったら、かたほうをテープでとめる。

2 1 3 → 2 1 3

4

とぶかな??

ピュー!

ふくろにストローをさし、いきをふいてとばす。

4まいばね

すいちょくロケット

曲がるストローを使って、上にとばそう

空気のうく力でとばそう

おふろでジャンプ！

ぴょんっ

これができる！ 浮力を使って、あそびながら、水と空気の実験ができます。

用意するもの

水に
うきそうなもの

たとえば…

- しょうゆ入れ
- ペットボトル
- チャックつきポリぶくろ
- エアーパッキン など

1

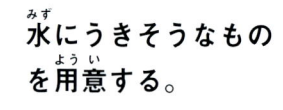

水にうきそうなもの
を用意する。

2

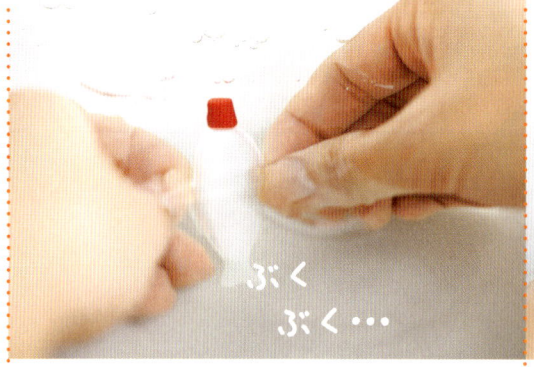

ぶく
ぶく…

両手にもって、しずめる。

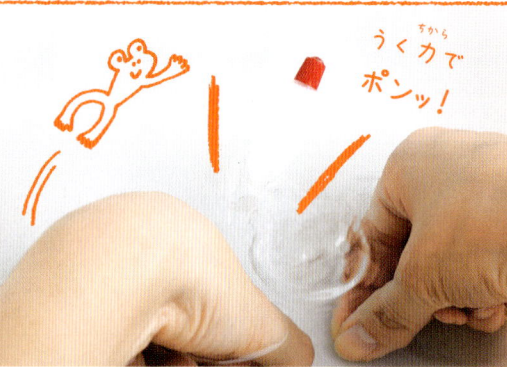

うく力で
ポンッ！

手をはなす。

3

わくわく

ほかにも

チャックつきポリぶくろにエアーパッキンを入れる。

4

ぷく
ぷく…

ぷかっ!

パッ

しずめて、手をはなす。

くふうしてみよう

ペットボトル

なにをとばすと
楽しいかな?

ふうせん

プラスチックようき

中の空気のりょうで
しずみ方もうき方も
かわるよ!
いろいろあつめてみよう

ひっかける場所をさがして、ピューン！

わゴムでとばす

これができる！　とばす場所をさがして試行錯誤。ゴムののびも感じられます。

用意するもの

わゴム	ティッシュ	セロハンテープ

1

 2本のわゴムをかさねる。

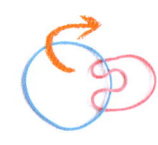 下のわゴムを上にひっぱる。

 わっかの下をくぐらせる。

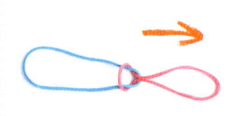 さらにひっぱってつなげる。

2

 もう1本のわゴムを下にかさねて、上にひっぱる。

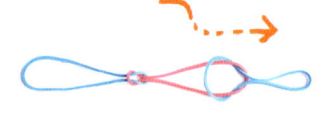 また、わっかの下にくぐらせてひっぱる。

 ちょうどいい長さになるまでくりかえす。

36

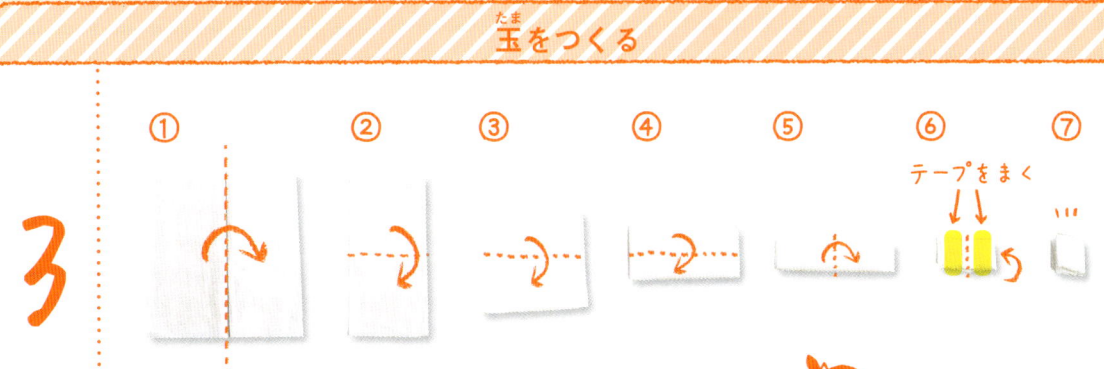

① ② ③ ④ ⑤ ⑥ ⑦

3

テープをまく

ティッシュを5回おり、テープを2か所まいて、おる。

4

のびて
のびて…

ピューン！

わゴムをひっかけ、玉を
わゴムにかけて引き、手
をはなす。

くふうしてみよう

自分の
からだを
使ってみよう！

おうちの中で、
ひっかけられる場所を
さがしてみよう！

「道具」をつくってみよう

せんたくばさみの はっしゃ台

これができる！ 丈夫につくるにはどうすべきか考え、てこの原理も学べます。

用意するもの

せんたくばさみ

わりばし2本

セロハンテープ

プラスチックの スプーン

わゴム2本

アルミホイル

はっしゃ台をつくる

1

1本ずつ テープでとめる

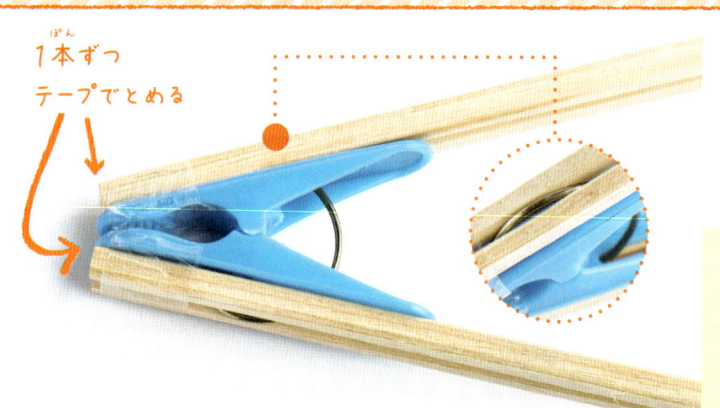

せんたくばさみにわりばしを2本くっつける。

ポイント
● せんたくばさみのわっかは、わりばしのあいだにはさんでくっつけましょう。

2

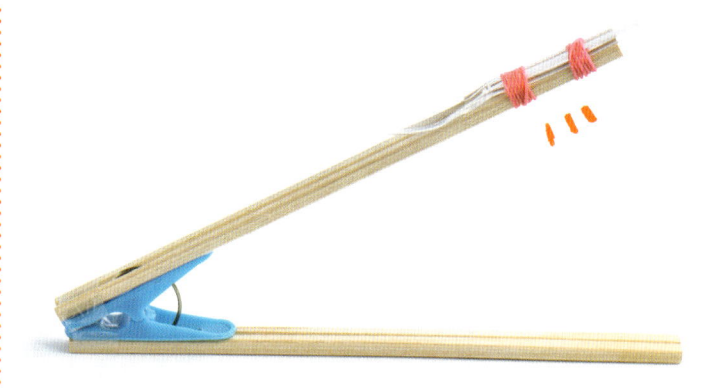

わりばしにスプーンをくっつけ、2本のわゴムでとめる。

3

アルミホイルをまるめて玉をつくる。

この大きさ！

ポイント
● アルミホイルを出すのは5cmくらいが自安です。

4

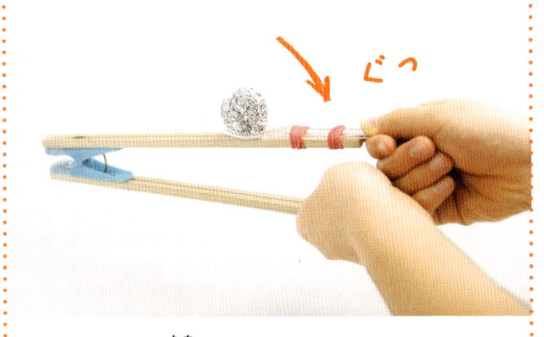

ぐっ

ビョーン！

とんだ！

スプーンに玉をのせ、わりばしをひく。

手をはなす。

くふうしてみよう

どこまでとぶかな？

わりばしを長くつなげたら、さらに高くとぶよ！

アルミホイルでぎゅぎゅっと！

ボールをつくる、ボールをなおす

これができる！　修復することの大切さを学び、こわれていくことすら楽しめます。

用意するもの

新聞紙

アルミホイル

セロハンテープ

1

くしゃ　くしゃ

新聞紙1まいをまるめる。

ポイント
● おうちの人もとなりでいっしょにつくってあげるとわかりやすいです。

2

ぎゅっ

さらに、もう1まいおおい、大きなボールにする。

3

アルミホイルでボールをおおい、まるくする。

ポイント
● すっぽりおおえるようにアルミホイルは長めに出します。50cmくらいが目安。

4

もっとまこう！

ぎゃ ぎゅ

さらにもう1まいまき、きれいな丸にする。

ていねいにまいてね

5

くずれたら
テープでペタペタ

ボールであそぼう。こわれたら、テープをはってなおそう。

ポイント
● 「なおす」作業も大事な「つくる」です。

いろいろな音を出してみよう

ペットボトルの ガラガラ、ゴロゴロ

これができる！ 材質による音のちがいを楽しみ、数の勉強もできます。

用意するもの

 ペットボトル

 ビー玉

 おはじき

 ほかに音が なりそうなもの

1

ペットボトルの中に ビー玉を入れる。

いち、に…

2
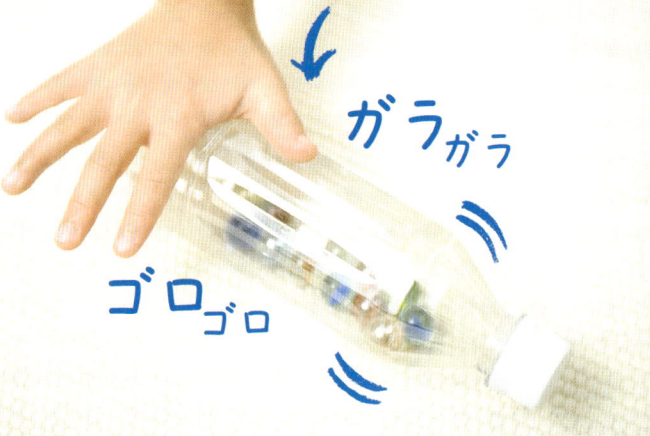

ゆかの上でころがし てみよう。

ガラガラ

ゴロゴロ

3

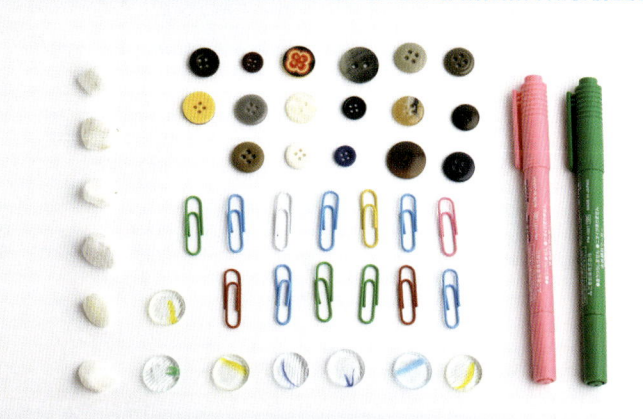

いろいろなものを入れてみよう。

ポイント
●「いろいろ入れてみたい」
というきもちをだいじに！

4

カシャカシャ

ガラガラ

ものを出したり、入れたりをくりかえし、音を楽しもう。

くふうしてみよう1	くふうしてみよう2

ティッシュや
わた、リボンなどを
入れると、音が
小さくなるよ！

せんまい通しなどで
ペットボトルに
あなをあけると、
音がひびくよ！

おうちの人に
あけてもらおう

ゲームを手づくりしよう！
すきまテープの
ビー玉コロコロゲーム

これができる！　ふわふわで貼りやすいすきまテープを楽しみながら、コースを考えて
空間把握能力を養います。

用意するもの

すきまテープ

はさみ

だんボール

ビー玉

すきまテープは、まどのすきま
風などをふせぐ、スポンジの
ついたテープのこと。100円
ショップでも手に入ります。

1

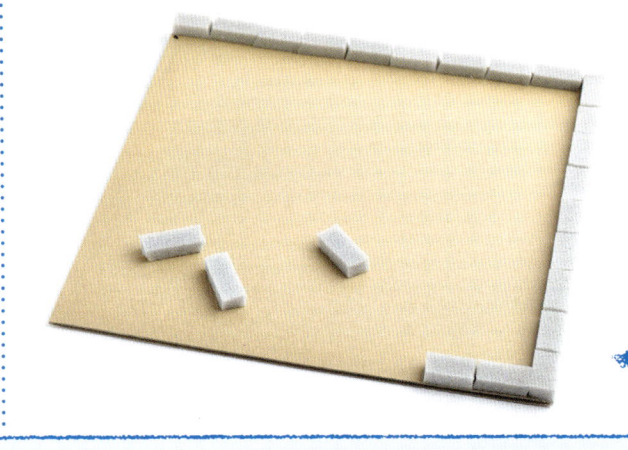

ふわっ

すきまテープをこま
かく切る。

これくらい

2

だんボールにすきま
テープをはり、外が
わをぐるりとかこむ。

ビー玉が
外に出ないための
かべだよ！

44

コロコロ 3

たてや横につなげてはって、コースをつくる。ビー玉をころがしてあそぼう。

くふうしてみよう

\ ぐるぐるうずまきコース /

\ おにごっこコース /

にげろー
まてー
ゴール

\ めいろのコース /

スタート
ゴール

いろいろなコースをつくってみよう

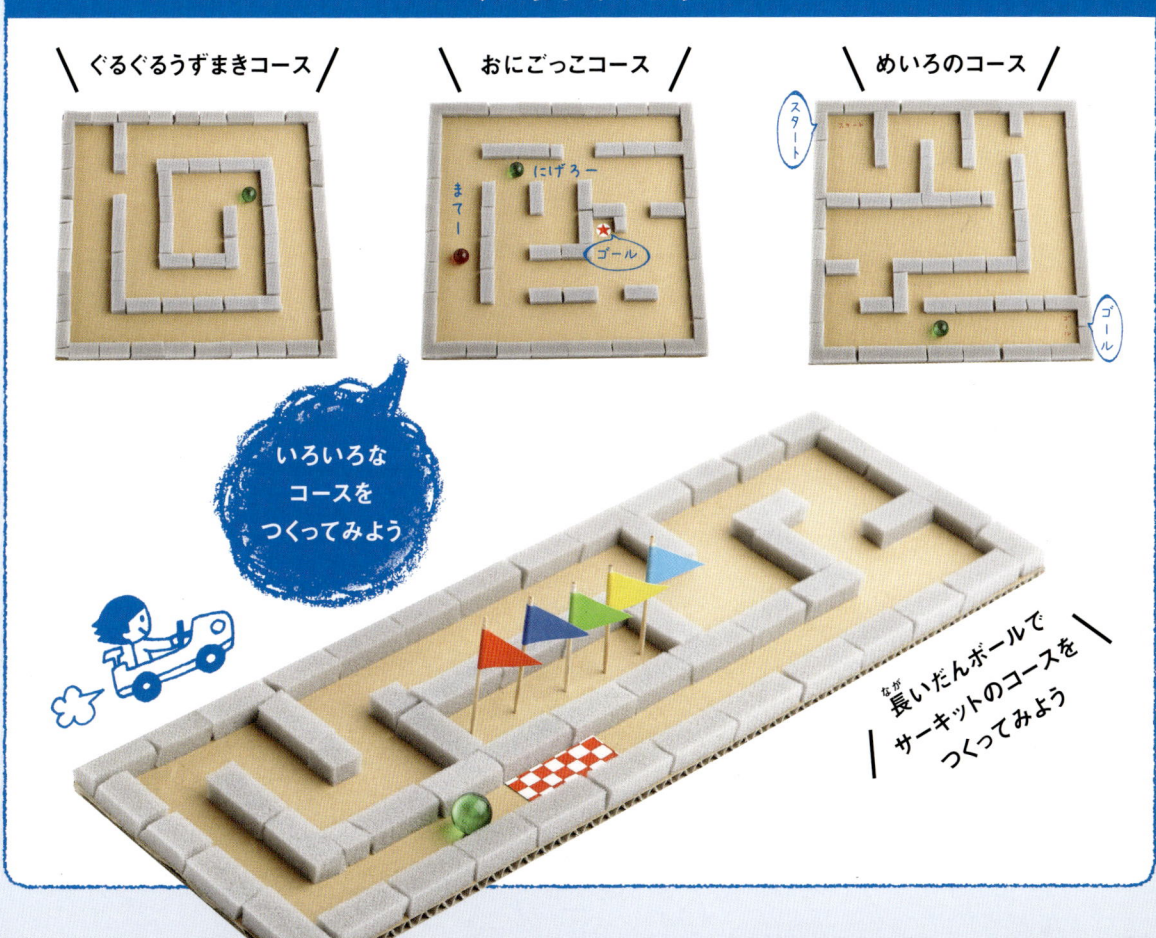

長いだんボールでサーキットのコースをつくってみよう

カクカクした動きでかいだんものぼれる！

クリップのキャタピラー

これができる！ クリップを均等につなげるのがポイント。「対称」を学び、図形の力も身につきます。

用意するもの

クリアファイル

はさみ

クリップ

1

ゆっくり、まっすぐ、ていねいに！

クリアファイルを半分に切る。

ポイント
● マジックとじょうぎで線をひいておくと、切りやすくなります。

2

まるめたら、両はじにクリップをつけ動かないようにする。

3

あいだの長さが同じになるように①～④のじゅんに、クリップをつける。反対がわも同じように。

4

あいだにさらにクリップを4つつける。反対がわも同じようにつける。

シールをはったりマジックで絵をかいたりしても楽しいよ！

5

いきをふいて、ころがしてみよう。

本のだんさものぼっていくよ！

ゲートも手づくり！
ガチャガチャ玉の ゲートボール

コツン

これができる！　道具をつくって道具でスポーツする。「準備」を楽しむ経験ができます。

用意するもの

新聞紙

2ℓのペットボトル2本
500㎖のペットボトル7本

ビニールテープ

ガチャガチャ玉

ガチャガチャ玉がなければ、新聞紙をまるめてテープでおおい、ボールにしよう

1

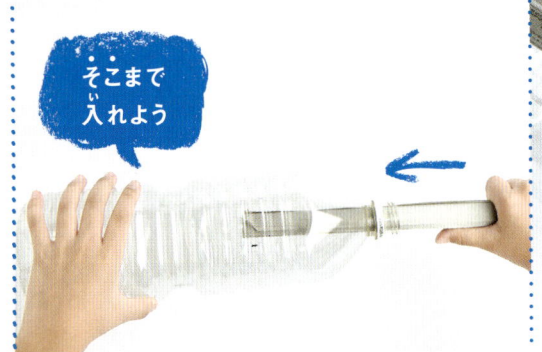

くるくる

新聞紙を2まいかさねたら横向きに細くまき、新聞紙のぼうをつくる。

ポイント
● できるだけ細くまきましょう。
○ ━━━━━
✕ ━━━━━

2

そこまで入れよう

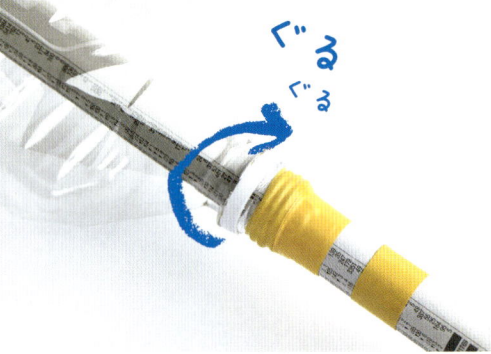

ぐるぐる

2ℓの四角いペットボトルに新聞紙をさしこみ、ビニールテープでとめる。

3

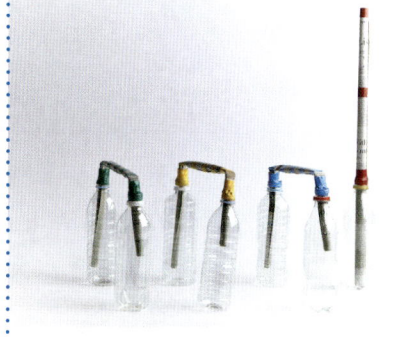

ペットボトルをもう1本[ぼん]つけて、スティックをつくる。

4

1〜3をくりかえして新聞紙[しんぶんし]と500㎖[ミリリットル]のペットボトルをつなぎ、ゲートとポールをつくる。

5

わくわく

ガチャガチャ玉[だま]の中[なか]に小[ちい]さくちぎった新聞紙[しんぶんし]を入[い]れ、ボールにする。

ゲートボールのルール

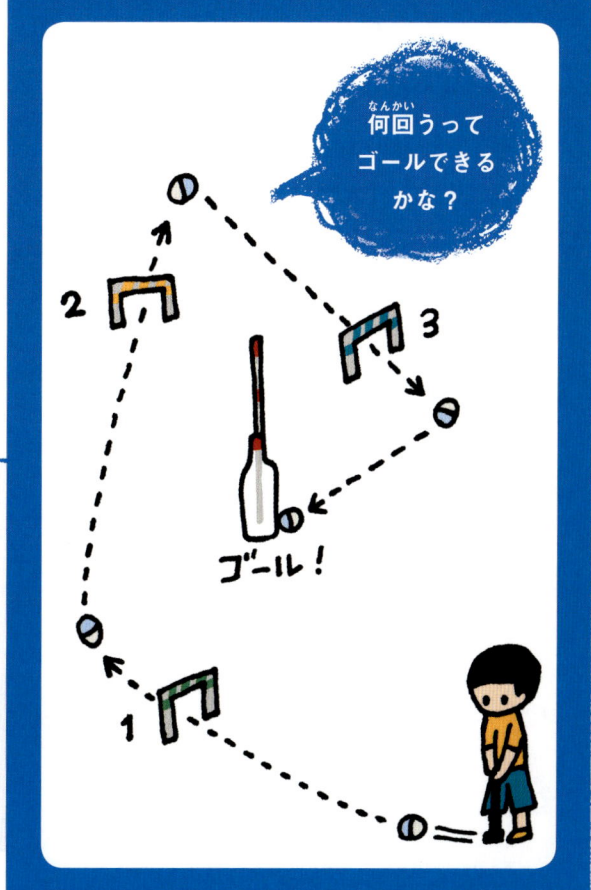

何回[なんかい]うってゴールできるかな？

2

3

1

ゴール！

スティックでボールをうち、じゅんばんにゲートをくぐらせて、ポールにあてたらゴール！

いきをそっとふきかけて……

小さい玉を
ゆっくりころがす

これができる！ ｜ ていねいにつくってゆっくりころがす。慎重な心、落ち着いた心を育てます。

用意するもの

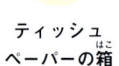
ティッシュ
ペーパーの箱

曲がるストロー

マスキングテープ
（セロハンテープでもOK）

BB弾などの
小さい玉

小さい玉がなけれ
ばアルミホイルを
小さくまるめて玉
にしてもOK

1

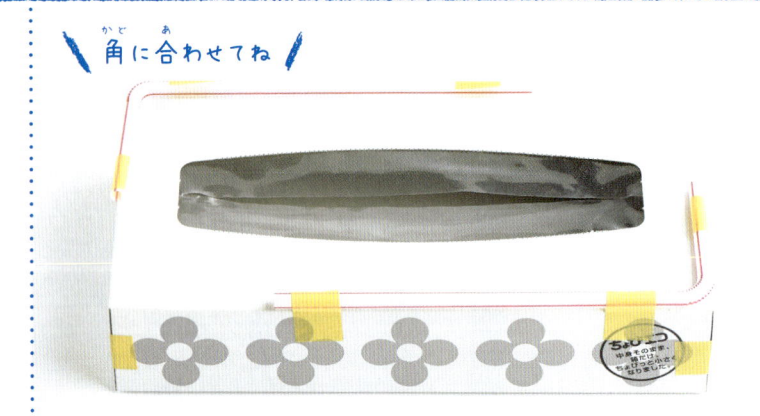

角に合わせてね

ティッシュペーパー
の箱にストローを
2本おき、テープで
とめる。

ポイント

● マスキングテープでと
めると、やりなおしが
かんたんです。

2

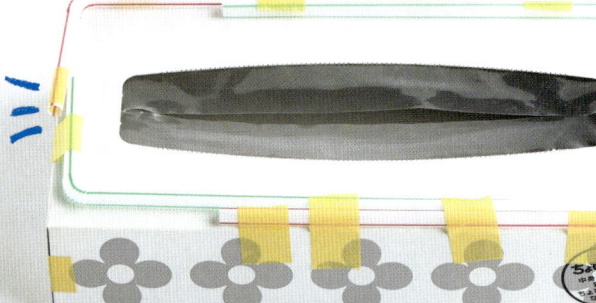

内がわに、ストロー
をもう2本つける。

小さい玉をのせて、ストローでふいてころがし、ひとまわりさせよう。

あなに落ちないようにね！

3

くふうしてみよう

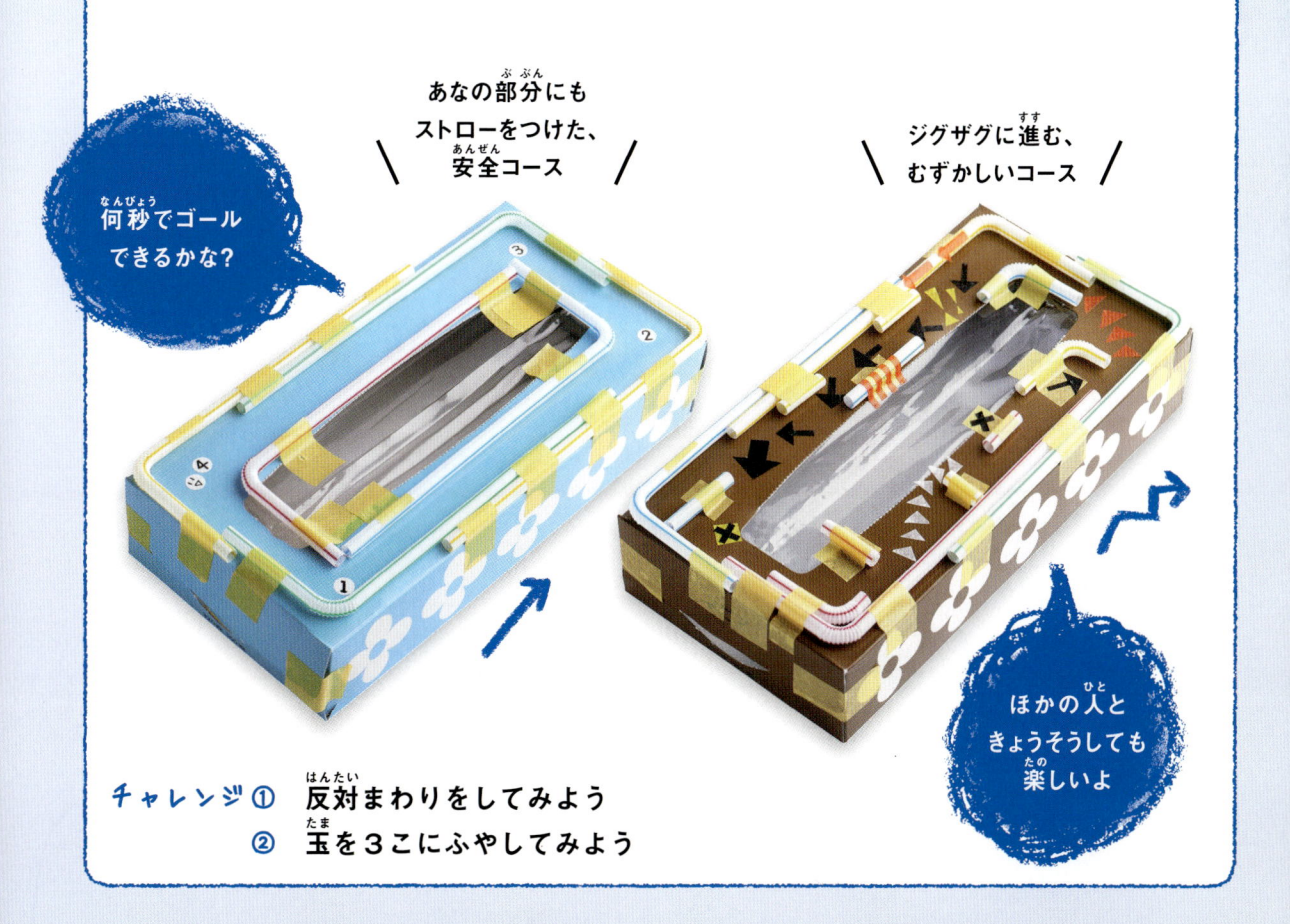

何秒でゴールできるかな？

あなの部分にもストローをつけた、安全コース

ジグザグに進む、むずかしいコース

ほかの人ときょうそうしても楽しいよ

チャレンジ① 反対まわりをしてみよう
② 玉を3こにふやしてみよう

外と家とでつくる

葉っぱの絵本

これができる！ 自然を味わい、想像力をはたらかせてつくる、あたたかい造形です。

用意するもの

落ち葉

ノート

セロハンテープ

マジックや
クレヨン

丸シール
（あれば）

1

外へ行き、葉っぱをた
くさんひろってくる。

いろいろな
かたちがあるね

2

ノートを広げ、1ペー
ジに葉っぱを1まい
ずつテープではる。

なにに
見えるかな？

3 ペタペタ

さらにすきまをなくすように、葉っぱ全体をテープでおおう。

4

丸シールで目をつくるとかんたん

マジックやクレヨンを使って、葉っぱにあう絵をかこう。

ポイント
● おうちの人といっしょにおはなしを考えてかいてみましょう。

くふうしてみよう

はっ　はっぱ　はっぱ　はっぱのえほん

きせつによって葉っぱのかたちも色もかわるよ。
外の時間とおうちの時間、どちらも楽しもう！

春夏秋冬でそれぞれの絵本をつくってみよう

どんどんひっぱって、とまらない!

むげんぐるぐる

これができる! こどもはどんどん出てくるものを見るのが大好き!
中をのぞきこみながらひっぱる動きを何度も楽しんで。

用意するもの

ひも	リボン	アルミホイルなどの しん

1

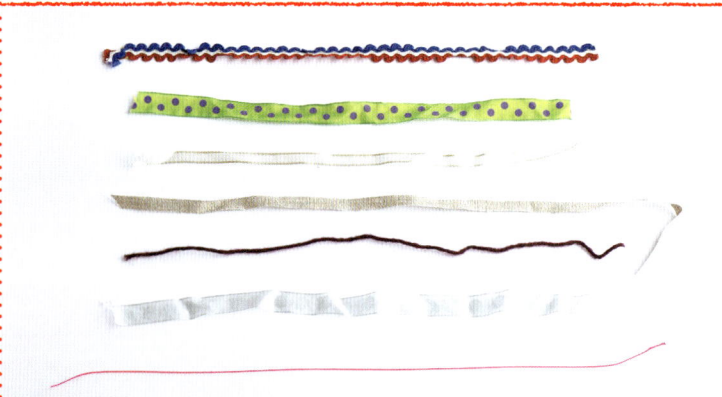

ひもやリボンをあつめよう。

2

2本のひもをいっしょにぐるりと回し、まんなかを通してむすぶ。

きゅっ

ひもとひもを
くっつけよう

ポイント

● むずかしければ、おうちの人がむすんであげてください。

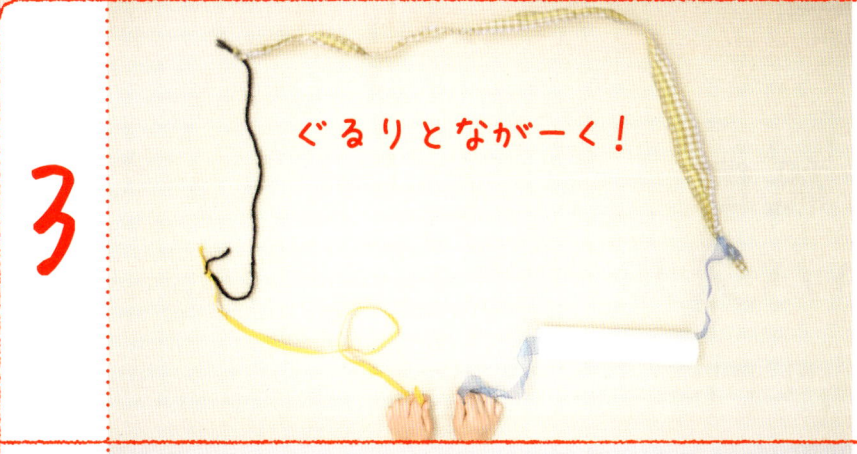

3

ぐるりとながーく！

つないで長いひもが
できたら、アルミホ
イルなどのしんに通
してむすぶ。

4

する する〜　　ぐるぐる

どんどん
出てくる！

つつの中をのぞき
こみながら、ひもを
ひっぱってみよう。

くふうしてみよう

する する〜

ぐる

ぐる

いろんな場所で
ぐるぐるを
ためそう！

ひもをテーブルやい
すにぐるりと回し、
むすんでみよう！

ポイント
● ひもの一部にしるしを
つけて、いつ出てくる
か待つのも楽しいです。

もとどおりできるかな？
おえかき紙皿(かみざら) ぶんかいパズル

これができる！ 復元する難しさと楽しさを味わいます。ていねいにコツコツと……。
もとどおりにできたら、とってもうれしい！

用意するもの

 紙皿(かみざら)

 マジックや クレヨン

 はさみ

 セロハンテープ

1

紙皿(かみざら)いっぱいに絵(え)を
かく。

2

はさみでバラバラに
切(き)る。

チョキ
チョキ

ポイント
● はじめは4つくらいだと、かんたん。おうちの人(ひと)が切って、こどもがパズルでもとどおりにしても楽(たの)しいです。

56

3 少しずつ たくさんはろう

パズルをしよう。テープではって、もとどおりにしよう。

ポイント
● めんどうくさがらず、コツコツつづける力を育てましょう。できなくてくやしくてもあきらめないで！

なおった！？

くふうしてみよう

もう一度切って、ぶんかい

紙コップをぶんかい

カップめんのようきをぶんかい

かたちをつくって、大きくジャンプ！

ストローつなぎで けんけんぱ

これができる！　五角形をつくりながら図形の力が育ちます。
ジャンプのあそびで、身体能力も養えます。

用意するもの

曲がるストロー

はさみ

1

ストローの口の部分に、はさみで切りこみを入れる。

これくらい！

2

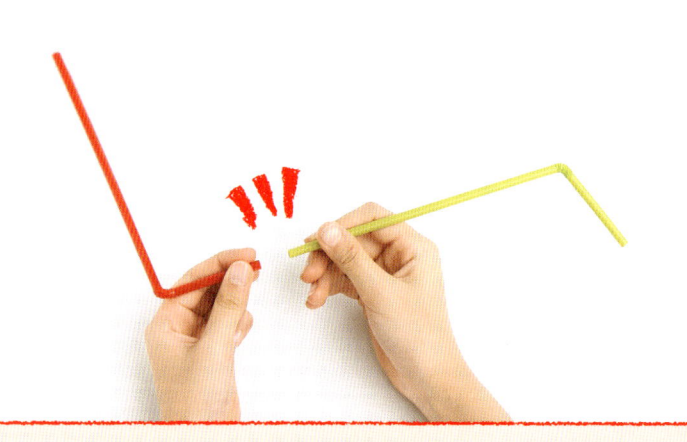

口をすぼめ、別のストローの切りこみのないほうのあなにさしこむ。

3 ストローをつないでいき、5本使って、五角形をつくる。

角が5つあるから五角形だよ

五角形をバラバラにおいて中にジャンプで入れるかきそっても楽しいよ

4 けんけんぱっ

ほかにも五角形以外にもいろいろなかたちをストローでつくってみよう

ストローの五角形をたくさんつくって、ならべてあそぼう。

けんけんぱのあそび方のれい

● ●　ぱ
○　　けん
○　　けん
● ●　ぱ
○　　けん
● ●　ぱ
○　　けん

けんのときはかた足でぱのときは両足でとんで、1つのあなにかたほうの足を入れるよ。ならべ方をかえてやってみよう。

ポイント
● ならべると大きいので、からだいっぱい使って大きくジャンプしてみましょう。

自分のからだが進化!?

せんたくばさみ人間

これができる！　身近な素材でからだの感覚が変わる体験ができます。
発想力や想像力もゆたかに育ちます。

用意するもの

せんたくばさみ

1

おうちにあるせんた
くばさみをあつめて
みよう。

2　ぴら ぴら

洋服に自由につけて
みよう。

フリル
みたいに……

ガチャ
ガチャ

3

くつしたにつけて、歩（ある）いてみよう。

ビヨン

ビヨン

くふうしてみよう

ぽうしにつける

つばさみたい！

ズボンにつける

おしゃれ〜

わきにつける

ひだひだ？

トゲトゲ？

手（て）ぶくろにつける

つかみにくい？

終（お）わったら きちんと かたづけようね！

ねじって、くっつけて、あそぼう！

ビニールタイの
さかなつり

これができる！　はりがねという素材に安全にふれられ、楽しくあそべます。
ねじってくっつく感覚がおもしろい！

用意するもの

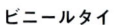

ビニールタイ

わりばし

1

ビニールタイを10本くらい用意する。

ビニールタイとは
● パンやおかしのふくろをとめているはりがねのこと。

さかなづくり

2

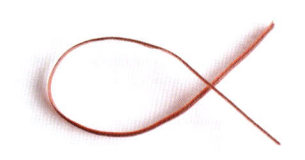

ビニールタイを曲げてクロスさせ、さかなのかたちにする。

クロスしたところを2回ねじる。

まるくね！

かたちを整えたら、さかなのできあがり。

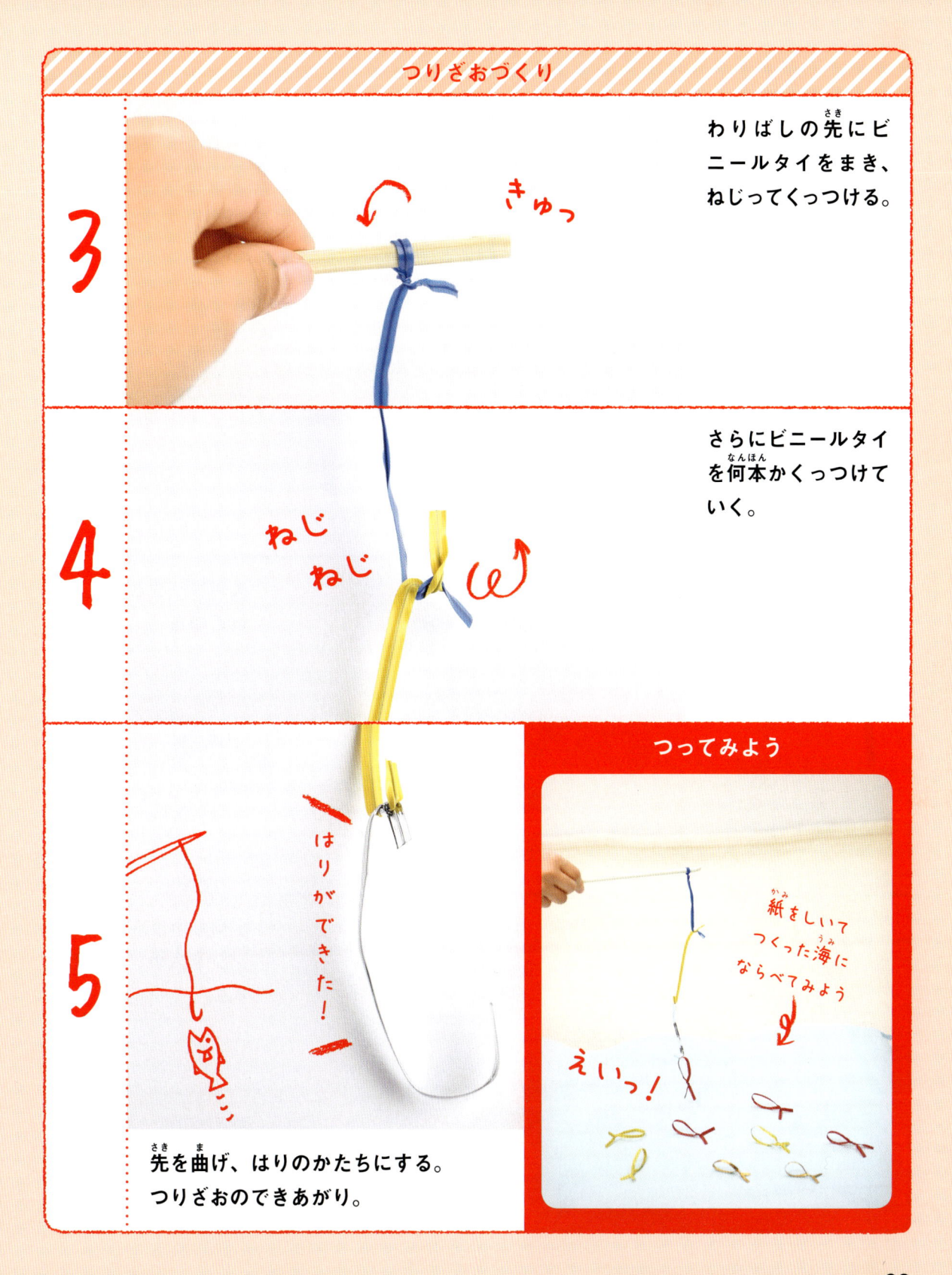

3 わりばしの先^{さき}にビニールタイをまき、ねじってくっつける。

きゅっ

4 さらにビニールタイを何本^{なんほん}かくっつけていく。

ねじねじ

5 先^{さき}を曲^まげ、はりのかたちにする。つりざおのできあがり。

はりができた！

つってみよう

紙^{かみ}をしいてつくった海^{うみ}にならべてみよう

えいっ！

つくってあそんで、おふろでもう一度

ふわふわボール
→あわあわボール

これができる！　スポンジの「はずむ」「あわだつ」2つの特性を生かして、ボールの変化を楽しめます。お手伝いのきっかけにも！

用意するもの

スポンジ2こ

はさみ

水切りネット

水切りネットがなければストッキングやみかんネットでもＯＫ！

1

スポンジ2こをこまかく切る。

2

ふわ

ふわ

水切りネットにスポンジを入れ、口をむすぶ。

ポイント
● むずかしければ、おうちの人がむすんであげてください。

64

3

かるくて
やわらか〜い！

ぽん！！

ふわふわボールであそぼう。
かべになげても、音がしないし、安全。

かべにマスキングテープをはって、まとをつくってなげても楽しいよ

あわあわボールにへんしん

4

おふろにもっていこう。水につけると、どうなる？

5

あわ

ボールが
かわった！

あわ

せっけんをつけてよくもんでみよう。あわあわボールのできあがり。

ポイント
- おそうじにも使えます。あらってかわかせば、またふわふわボールに。

「切る」と「数」を学んじゃおう

スポンジはどっち？

これができる！　小さくなるスポンジの特性を使った、学びのゲーム。
手のひらから、スポンジがいきおいよくとび出すのも、おもしろい！

用意するもの

スポンジ

はさみ

1

スポンジをはさみで
2つに切る。

ポイント
● おうちの人が切って、2つになったことを見せましょう。はさみの使い方と「2」という数を学べます。

2

どっちの手？

ギュッ

かた方の手にスポンジを入れてにぎり、かくしながら「どっちの手に入っている？」と聞いてあててもらう。

3

ポンッ!

こっち!

あたり!

どちらか決まった
ら、手をひらいて見
せてあげる。

ポイント
● 顔の前で手をひらくと、スポンジがはずむようにとび出す様子が楽しめます。

4

スポンジをさらに4
つに切る。

いま
いくつ?

ポイント
● スポンジを切りながら、何こあるかをかくにんしましょう。4までの数がおぼえられます。

5

パッ

4つ
出てきた!

同じように、スポンジをにぎり、
あてっこしよう。
スポンジの数をかえて、いくつ
入ってるか聞いてみよう。

6

いま
いくつ?

さらにこまかく切って、スポンジ
をふやしてみよう。
いくつになった?

ふわふわ、ぎゅぎゅっ！　さわるのが楽しい！

エアパボール

これができる！ エアーパッキンのまきぐあいではずみ方もかわる、個性の出るボール。ていねいに形を整えれば、忍耐力も UP！

用意するもの

エアーパッキン	はさみ	セロハンテープ	丸シール（あれば）

1

エアーパッキンを細長く切る。これを10本くらいつくる。

ポイント
● まきやすいのは、はば5cmくらい。（プチっととび出た部分が5れつぶんくらい）

2

くる
くる

くるくるまいてテープでとめる。

ぐる
ぐる

べつのエアーパッキンでさらにまく。

ころ
ころ

いろいろな方向から丸になるようにまく。

3

まんまるに
なった!

かる～い!

すきまをテープでふ
さいで、ボールのか
たちにする。

ぎゅっとまけば
かたく、
やさしくまけば
やわらかい
ボールに

ポイント
● コツコツとかたちを整える
楽しさを味わいましょう。

くふうしてみよう

ボールができたら、
丸シールでもようを
つける。

丸シールの
上からテープをはって、
とれないようにしてね

やきゅう
ボール

テニス
ボール

サッカー
ボール

ピンポン玉

**いろんなボールを
つくってみよう**

ラグビー
ボール

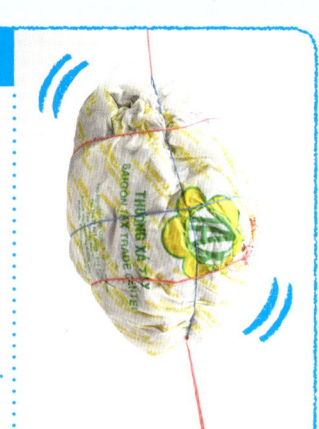

つくっていっしょに、パンチ！　キック！

ボクシングの
れんしゅう

これができる！　親子のきずなも強まるあそび。全身をつかってどこまでのびるかためしたら、
身体能力も向上していきます。

用意するもの

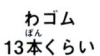
わゴム
13本くらい

レジぶくろ

新聞紙

セロハンテープ

1

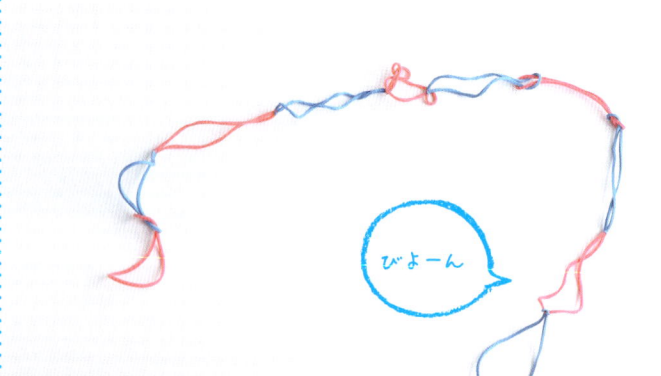

びよーん

わゴムを10本くらい
つなげる。

2

がさごそ

レジぶくろの中に新聞紙を入れる。

3

きゅっ

口をむすんでボールにする。

4

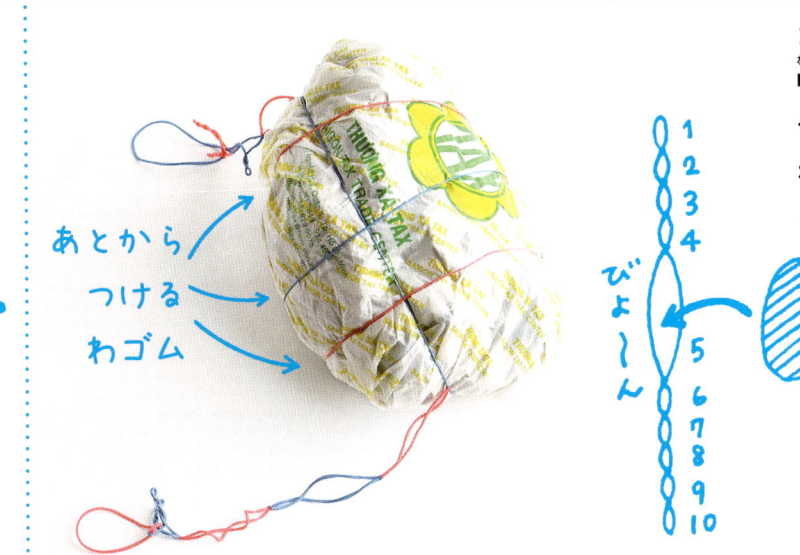

あとから
つける
わゴム

1 2 3 4
びょ〜ん
5 6 7 8 9 10

まんなかのわゴムの
中<small>なか</small>にボールを入<small>い</small>れ、
テープでとめる。
わゴムを3本横<small>ぼんよこ</small>に通<small>とお</small>
し、テープでとめる。

5

パーンチ！

いろんなところに
ひっかけて
れんしゅうしよう

はじっこのわゴムに
足<small>あし</small>を入<small>い</small>れ、もう一方<small>いっぽう</small>
のはじをしっかり手<small>て</small>
に持<small>も</small>てば、サンドバッ
グになる。

バネをつくって、しくみを知ろう

せんたくばさみのバネ

これができる！　バネの構造を学びながら、積みあげてだんだん大きくなる喜びも得られます。

用意するもの

せんたくばさみ

1

パチッ

直角

せんたくばさみの持つ部分を、もう1つで直角につまむ。

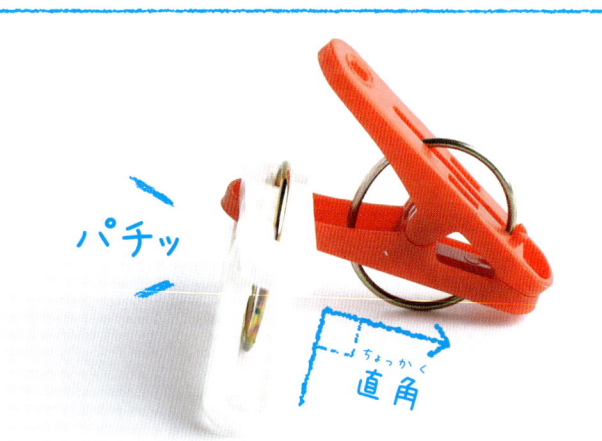

2

パチッ

かさねる　パチッ

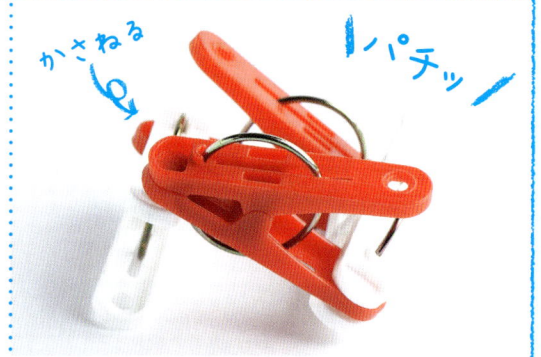

同じように、せんたくばさみをつまんでいく。

ビョン

くりかえし、
くりかえし。
だんだん
のびていくよ！

ビョン

くりかえし、たくさんつなげればバネができる。

ポイント
- どんどんつなげて長（なが）くしたら、またひとつずつ外（はず）して、ぶんかいする。これをつづけることで集中力（しゅうちゅうりょく）が高（たか）まります。

ホッチキスを使ってみよう

とうめいヨーヨー

これができる！　のびるゴム、すけるクリアファイル、パチンと心地よいホッチキス。それぞれ楽しみながら、道具を使いこなす経験づくりができます。

用意するもの

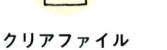
クリアファイル

マジック

じょうぎ

はさみ

ホッチキス

わゴム

1

クリアファイルにマジックで3cmはばくらいの線をひき、はさみで切る。

ポイント
● むずかしければおうちの人が手伝ってあげて。

2

ここを切る

クリアファイルのはじも切って、おびを3本つくる。

ちがう色でつくるときれいだよ。

74

3

パチッ

おびをわっかにし、かさなった部分をホッチキスでとめる。

はじめてのホッチキス
♥ ゆっくりていねいにあつかえば、こどもだって楽しんで使えます。

4

同じところを
パチッ
➡ ✚ 1
2

また
同じところを
パチッ
➡ ✳ 1
2
3

もう1本のおびをななめにつけてとめる。

さらにもう1本、横につけてとめる。

わゴムのつなぎ方

くわしくは36ページにのっているよ!

5

またまた
同じところで
パチッ

びよーん

わゴムを5本くらいつなげてとめる。

((( )))

ぎゅうにゅうパックをくみあわせて！

三角のかんたんパズル

これができる！　パーツをつくって組み合わせを楽しみます。
パズルで考える力、図形の力も身につきます。

用意するもの

ぎゅうにゅうパック4本	はさみ	セロハンテープ	マジック

1

ぎゅうにゅうパックをひらいて、そそぎ口とそこの部分を切りとる。
これを4まいつくる。

2

白いほうを表にして、ぎゅうにゅうパックを三角におり、テープでとめる。

ノペタペタ

3 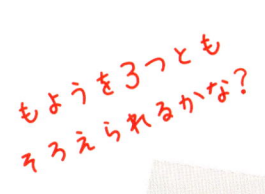 このじゅんばんで かさねるよ

三角におったパーツをくみあわせて、もようをかく。

ポイント

・ずれないようにテープではしを軽くとめておくと、かきやすいです。

4

ほかの面にもべつのもようをかく。

5 もようを3つとも そろえられるかな?

4つの三角パーツをバラバラにしてパズルをしよう。

くふうしてみよう

すきな絵をかいたパズルも すてきだよ!

くずれても、ふわふわ楽しい

スポンジタワー

これができる！　洗うためのスポンジが、柔らかく安全な「つみき」に大変身！あそんだらまた使って……。道具の心を想像してみましょう。

用意するもの

スポンジ

はさみ

1

スポンジをあつめよう。1つをななめに切って三角にしよう。

2

ふわふわだからくずれやすいよ

そっとね…

つみきのようにかさねていく。

しんちょうに、かさねて
高くしてみよう！

ふわふわだから
くずれても
へっちゃら！

グラグラ〜

《 ふわふわ 〜 》

あそび終わったら
またスポンジとして、
使おう！

ポイント
切ったスポンジも、こまかなそうじにぴったり。スポンジであそんだあと、また道具として使えば、「リサイクルでおもちゃ」ならぬ、おもちゃのリサイクルができます。

うまくつかめたら、とってもうれしい！

トングで つまんでかさねる

これができる！ 道具をつくって使う体験づくり。
こまかい作業も力を加減しながらできるようになります。

用意するもの

わりばし

せんたくばさみ

セロハンテープ

プラスチックや木の
使いすてフォーク2本

1

②と④は
せんたくばさみの
口をひらいて
かたほうずつとめてね

2本のわりばしとせんたくばさみを①〜④のじゅんにテープでとめる。

①
②
③
④

2

わりばしの先にフォークをくっつけ、テープでとめる。

3

ゆっくりつまんで
キャッチ!

手づくりトングで、なにかをつまんでかさねてみよう。

ひろってみよう

キャップ

葉っぱ

ごみひろい

いろんなものをひろってみよう。
しっかりつかむ?
ふわっとつかむ?

どんなかたちにかわるかな？

ぎゅうにゅうパックの三角がさね

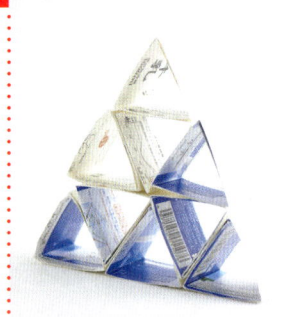

これができる！ 身近な素材からパーツをつくって図形を学べます。形の変化も楽しんで。

用意するもの

ぎゅうにゅうパック 3本

マジック

じょうぎ

はさみ

セロハンテープ

1

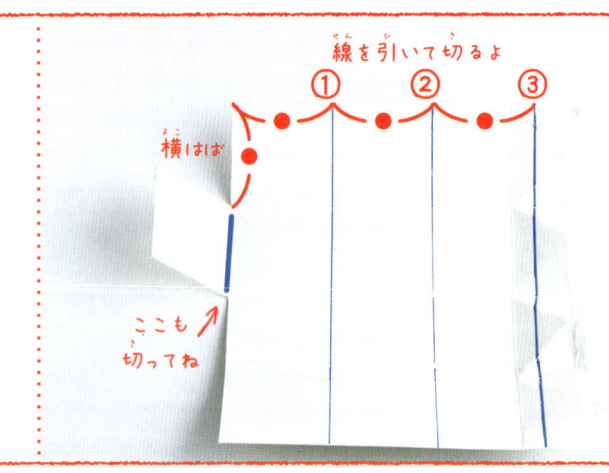

線を引いて切るよ

① ② ③

横はば

ここも切ってね

ぎゅうにゅうパックの横はば（●印）と同じ長さになるよう、①〜③の線をひいて切る。
これを3まいつくる。

2

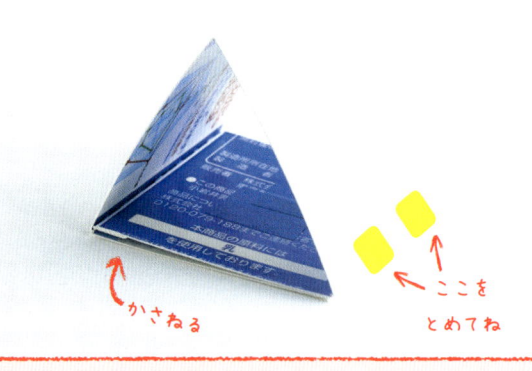

かさねる

ここをとめてね

三角になるようおったら、かさねたところをテープでとめる。これを9こつくる。

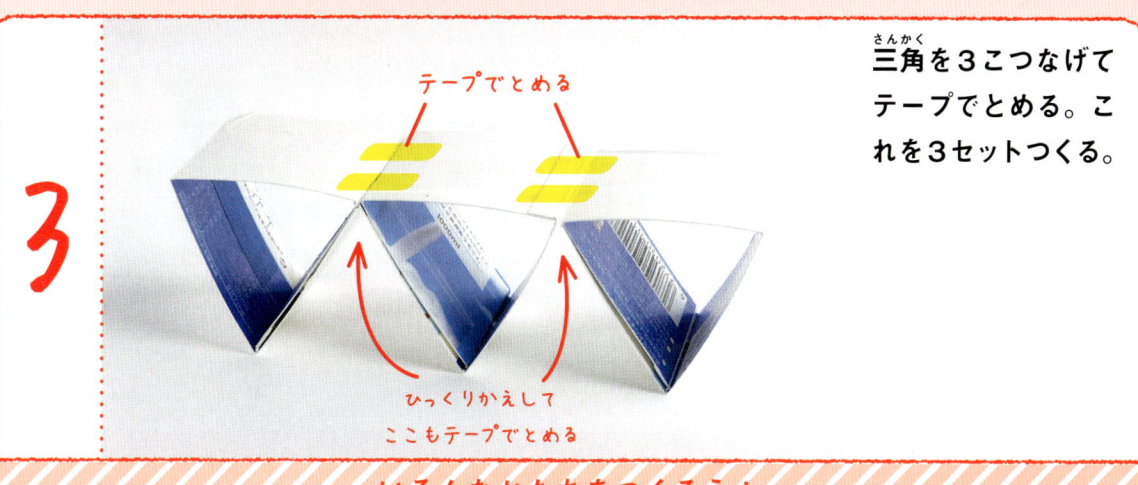

3

テープでとめる

三角を3こつなげてテープでとめる。これを3セットつくる。

ひっくりかえしてここもテープでとめる

いろんなかたちをつくろう！

三角のセットを動かしてつくってみよう！

問題1

このかたちがつくれるかな？

問題2

問題3

紙コップをまるくつみあげて
ピサのしゃとうに
チャレンジ！

これができる！　くずれない円柱をつくるにはどうすればいいか考えて、
建築のきほんを味わえます。

用意するもの

紙コップ

同じかたちの
紙コップのほうが
かんたん。でも、
ちがうかたちでも
できるよ！

1

紙コップ12こをまる
くならべる。

ポイント
● きれいな円に整えましょ
う。むずかしければ、1
だんめは、おうちの人が
ならべてあげて。

2

半分ずつずらしなが
ら紙コップ12こを上
にならべる。

イタリアにある本物（ほんもの）のピサのしゃとう

紙（かみ）コップ96こ、8かいだてまでいけば、イタリアのピサのしゃとうのできあがりだよ！

ひとつひとつ高（たか）くしていこう！

ほかにも
紙（かみ）コップの数（かず）をかえて、いろんなとうをたててみよう！

かさねて、とうめいをつくる

セロハンテープの水しょう板

これができる！ キラキラ美しい透明な板をつくり、アートの世界に触れられます。すこしずつ大きくなるのもうれしい！

用意するもの

セロハンテープ

1

出すのはこれくらい

これを半分におるよ

テープをすこし出して切る。はりつく面を合わせて半分におる。

ポイント
- セロハンテープはすこしずつ、ていねいに使いましょう。

2

ペタッ！

あらたなテープの上におき、はさむようにおる。これをくりかえす。

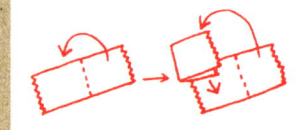

| かさねてはって | 上(うえ)からはって | かさねてはって | ずらしてはって |

ポイント
- 光(ひかり)にすかしたり、できた板(いた)でなにかをつくったりしても楽(たの)しめます。

くりかえしはって、板(いた)を大(おお)きくしていく。

でき あ が り !

できた水(すい)しょう板(ばん)の上(うえ)に大切(たいせつ)なものをおき、テープをはりかさねて中(なか)にとじこめてもすてきだよ

くふうしてみよう

外(そと)で見(み)つけた花(はな)や葉(は)っぱ

貝(かい)がらやビーズ

ねじやきかいの部品(ぶひん)

ブロックをつくってならべよう

ぎゅうにゅうパックの テリトリー

これができる！ 軽いブロックを組み立てて、自分だけの空間づくりを。想像力も養われます。

用意するもの

ぎゅうにゅう パック

新聞紙

ガムテープ

1

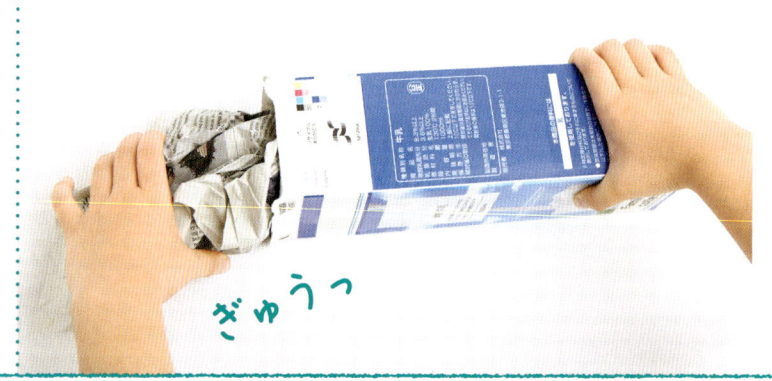
ぎゅうっ

ぎゅうにゅうパックに、新聞紙をまるめて5まいくらいつめる。

2

ぎゅうにゅうパックのふたをガムテープをはってしめる。

ポイント
● むずかしければ、おうちの人がガムテープでとめてあげてください。

3

ここが
わたしの
テリトリー！

なかは
おちつくよ！

ここからは
外の世界…

ぎゅうにゅうパックのブロックのできあがり。12こつくってならべると、中に入れるかこいになる。

ポイント

● 自分だけのきちにしたり、ごっこあそびをしたりしても楽しめます。内と外のちがいを感じて……。

4

15こつくってかさねるとピラミッドになる。

くふうしてみよう

45こ

63cm

45こつくってかさねると大きなピラミッドになる。ほかにもいろいろつくってみよう。

ねるときのドキドキがたまらない！

紙コップのベッド

これができる！ 小さくても、あつまると力が分散し、大きなものもささえられます。
紙コップの上にねる、ふしぎな感覚を楽しみましょう。

用意するもの

紙コップ

1

紙コップをあらって、かわかして、あつめよう。

2

84こあつめても、かさねると、かさばらない。

10cm

約
50cm

42cm

7cm

紙コップ 84 こで 50cmくらい

3

紙コップを6こならべ、れつをふやしてベッドをつくる。

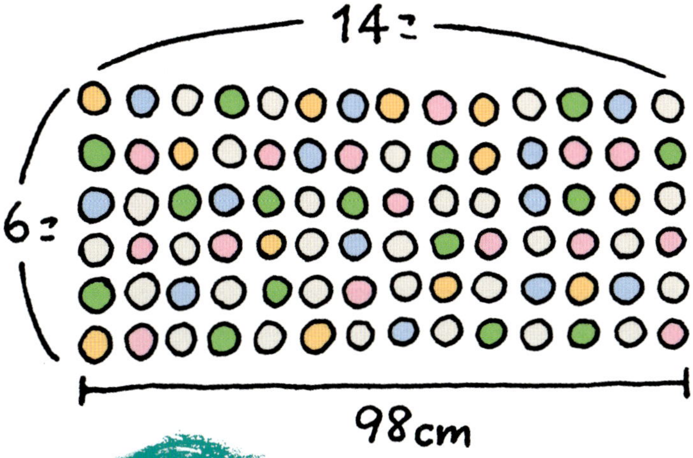

14こ

6こ

98cm

4

手足を
ピーンとのばして
動かないように……

おうちの人にからだをかかえてもらって、紙コップの上におろしてもらう。

5

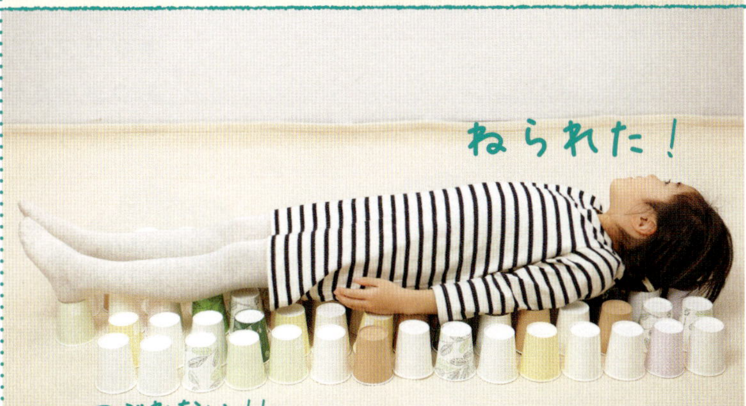

ねられた！

つぶれない！！

長さがたりなければ、紙コップをふやそう。起きるときはゆっくりと。

どんなもようができるかな？

ペットボトルの キャップをならべて

これができる！｜軽くて、こどもの手にちょうどいい大きさだから、リズムよくならべるのも楽しくなります。

用意（ようい）するもの

ペットボトルの
キャップ

歯（は）ブラシ

1

あらうのも
けっこう
楽（たの）しい

 ゴシゴシ

ペットボトルのキャップは、カビやバイキンがふえないよう、よくあらう。

ポイント

● いらなくなった歯（は）ブラシを使（つか）うとあらいやすいです。おそうじのれんしゅうにも。

2

3、
5、
4、
…

キャップがたくさんあつまったら、数（かぞ）えてみよう。

いろいろな
デザインがあるね

3 キャップをじゆうに
ならべてみよう。

くふうしてみよう

絵を
かいて
みよう!

もようを
つくろう!

とりかえっこ
しよう!

きちんと
しまって、
またあそぼう

キラキラ、ういてる？　ふしぎなかたち

かがみの上につくる

これができる！　鏡の反射を使って、ふしぎな立体がつくれます。
「半分」の形を知るきっかけにもなります。

用意するもの

アルミホイル

かがみ

1

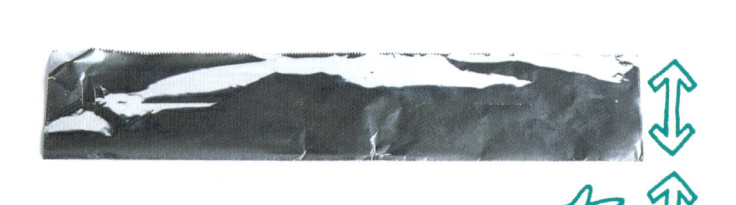

アルミホイルを手のはばと同じくらいの長さに切る。

これくらい

2

くるくると細くまるめる。

しねしね

3

ちょっとずつ

ぎゅぎゅっ

指でつぶしながら平らにする。すこしずつつぶす場所をずらすと、だんだんまるくなってくる。

4

いっぱいならべると…
ふしぎ！

うぃてる!?

かがみの上におくと、丸がうかんでいるように見える。

くふうしてみよう

\ 矢じるし /　\ 三角形 /　\ 四角形 /　\ 指わ /

ぺたんこの本がへんなかたちになっちゃった！

ぼわっとふくらむ本

これができる！　こつこつと立体をつくる過程が楽しく、集中力を高めます。
空気の力も感じることができます。

用意するもの

いらなくなった
本またはノート

セロハンテープ

1

くるっ

1…

ペタリ

本やノートのさいしょのページをくるっとまいて、本のまんなかでとめる。

くるっ

2

くるっ

2…

また
ペタリ

つぎのページをめくったら、同じようにくるっとまいてとめる。

3

3… 4… 5…

6… だんだん ふくらんで きた！

7… 全_{ぜん}ページ、くりかえし テープでとめる。

ぼわ ぼわ〜

ひらいたり とじたり、 指_{ゆび}を入_いれたり してみよう

広_{ひろ}げたらもっとふくらむ！

絵_えをかいてみる？ なにかはさんでみる？ 切_きってみる？

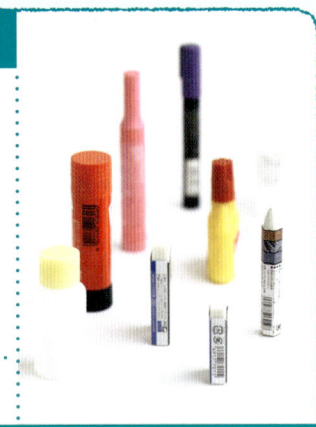

ドキドキがつづいて、 むちゅうになる！

いろいろなものを立ててならべる

これができる！ たおれないかひやひやしながら、ものを立てる。すこしずつ……。ならべおわったら壮観！　集中力が育ちます。

用意するもの

マジックなど
立てられるもの

本2さつ

おりがみ
（あれば）

1

2さつの本をおき、三角をつくる。

角度を
そろえれば
きれいに
ならべられるよ

ポイント
● 45度くらいがつくりやすいです。
おりがみを三角におり、とがった角を本に合わせれば、45度になります。

2

ゆっくり
そっと…

ドキドキ

三角の中に、マジックなどを立ててならべる。

1
2
3
4

すこしずつ数をふやしていこう。

98

ならぶときれい！

3

三角を広げるように
ほかのものもならべ
てみよう。

はじっこからならべるときれ
いな三角になるよ。

立てられそうなもの

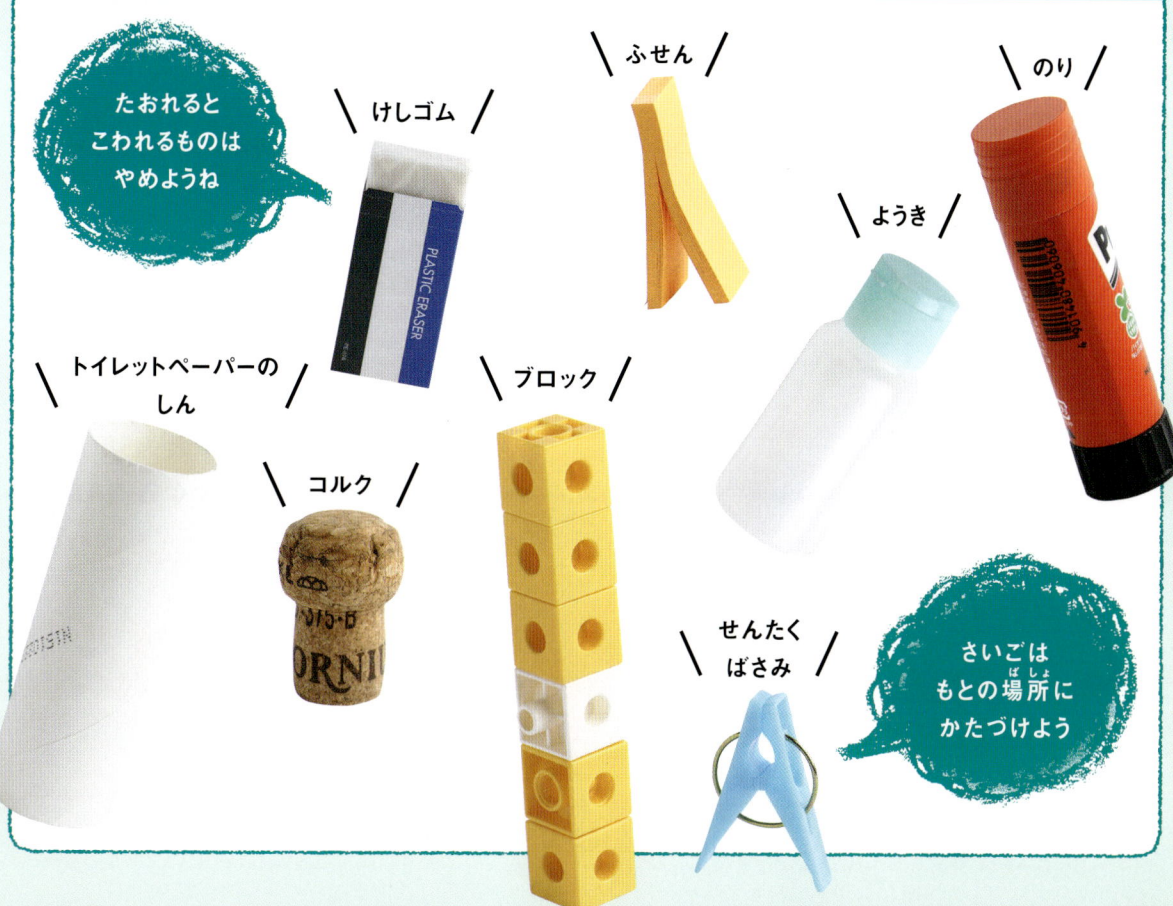

たおれると
こわれるものは
やめようね

\ けしゴム /

\ ふせん /

\ のり /

\ ようき /

トイレットペーパーの
しん

\ ブロック /

\ コルク /

\ せんたく
ばさみ /

さいごは
もとの場所に
かたづけよう

あきパックを使って、そっくり！

ニセモノの ぎゅうにゅう

これができる！ 本物の牛乳パックを使うのがポイントです。
ごっこあそびをするのもおもしろい！

用意するもの

レジぶくろ

はさみ

ぎゅうにゅう
パック

紙コップ
など

1

するする〜

レジぶくろの横をは
さみで切る。

2

反対がわも切った
ら、ふくろをひら
く。

100

3

ふくろを細長くまとめて、ぎゅうにゅうパックにつめる。

4

どうぞ！

あれ？
ニセモノ??

コップにそそいで、
はい、どうぞ。

ポイント
● そそぐ動作をまねたり、声をかけたりしながら、コミュニケーションを楽しみましょう！

くふうしてみよう

だいだい色のふくろで
オレンジジュース

みどりのふくろで
やさいジュース

とうめいのコップに入れて
おみせやさんのジュース

いちご

レモン

まっちゃ
オーレ

コーヒー
ぎゅうにゅう

どう使う？　考えるのも楽しい

ニセモノの手

これができる！｜台所などで使うビニール手ぶくろなら、軽くて扱いやすい「手」がかんたんにつくれちゃいます。

用意するもの

ビニール手ぶくろ

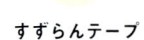
すずらんテープ

ラップや
アルミホイルのしん

ガムテープ

すずらんテープは、うすいビニールでできた、さけやすいテープ。なければレジぶくろやラップフィルムでもOK！

1

ビニール手ぶくろを広げて、手首の部分をまくり上げる。

2

ぎゅうぎゅう

指先まで、すずらんテープをつめていく。

ポイント
● たくさんつめればかたい手に、ふんわりつめれば指が曲げやすい手になります。

3 ラップのしんを、ビニール手ぶくろの手首のあたりに入れる。

ぐぐっ

4 手首をガムテープでとめる。

そっくり!!

使ってみよう

3本つくってじゃんけんぽん！

だれの手かな!?

トントン

わりばしをけずってつくる

ニセモノのえんぴつ

これができる！ わりばしもえんぴつも同じ木。加工して、木のやわらかさを感じられます。

用意するもの

わりばし

えんぴつけずり

えんぴつ

はさみ

1

しっかり
おさえて…

わりばしを回すよ

わりばしをわった
ら、1本の太いほう
をえんぴつけずりで
けずる。

ポイント
● たくじょうえんぴつけずりでもOK！

2

同じ色にするよ

カリカリ

本物のえんぴつを使
い、けずったわりば
しの先に色をぬる。

ポイント
● 本物のえんぴつでぬるから、色もかがやきもそっくりになります。

3

そっくり！

はさみですきな長さに切る。

わりばしの切り方

① ぐるりと

はさみでへこみをつける。

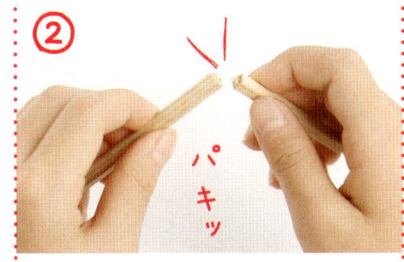

② パキッ

へこんだ部分を手でおる。

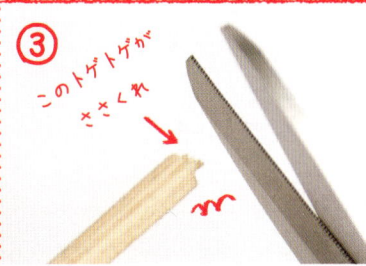

③ このトゲトゲが ささくれ

はさみでささくれを取りのぞく。

くふうしてみよう

色えんぴつに！

アルミホイルをまいてとめれば、消しゴムつきのえんぴつに！

まるいわりばしでつくるとまるいえんぴつに

「つくる」ことに対する
親のがんばりどころ

どっち？　　A　　or　　B

A	B
はさみを使わせたいから、切る練習をする。	まっすぐに切りたいと思っているから、はさみを使う練習をする。
マジックのふたを開けっ放しにすると乾いてしまうから、ふたをする。	ふたを開けっ放しにすると、乾いて使えなくなるからふたをする。
部屋がよごれるから、つくったものを片付ける。	またすぐにつくれるよう、片付けをする。
絵がうまくなるように、なんども描いて練習する。	なんども描いているから、表現がゆたかな絵になる。

さて、AとBのちがいがわかりますか？

Aは、親が望んでこどもにやらせている。Bは、こどもの意思が先にあって、親がそれをフォローする。これは大きなちがいです。

行動は同じでも、動機がちがえば結果も変わります。つねにBの行動をつづけたこどもは、創作や発想をゆたかに育むことができます。

また、こどもが意思をもつというところから、素材や道具、つくられたものやつくっているきもちへの「愛」も育まれます。

この教育は根気がいり、難しいのですが、これを伝えるのに適任なのは、まぎれもなく親です。

「がんばってつくらせる」のはNGですが、親は「がんばりどころ」かも。親も「がんばらない」で、こどもといっしょに楽しめたら理想的です。

すきなもの、いっぱいつくろう！

あそぼう！

1 章

2 章

3 章

この章では、
つくったものであそべる作品を
7つのテーマにわけて、しょうかいしています。
おともだちやおうちの人といっしょに、
いろいろつくって
あそんでみてください。

3

どうぶつ

128ページ　犬の
おさんぽ など

おひめ
さま

せいかつ

140ページ　手がたの手紙を
おくる など

○△□XX1-2-3
やまだ たろう さま

110ページ
レースペーパーの
ティアラ など

ままごと

124ページ
アルミホイルの
フライパン など

あそぼう！

154ページ　うずまきがた
ひみつきち など

きれいなもようを楽しんで
レースペーパーの ティアラ

これができる！　レースペーパーを使えば、繊細で美しいティアラが、かんたんにつくれます。おひめさまごっこにぴったり！

用意するもの

| レースペーパー | はさみ | セロハンテープのしん | 両面テープやのり |

1

レースペーパーを半分に切る。

2

かたいよ！

セロハンテープのしんをはさみで切る。

ポイント

はさみのねもとで切りましょう。キッチンばさみならかんたんです。むずかしければ、おうちの人が切ってあげて。

110

3

レースペーパーをセロハンテープのしんにはる。

しわが
よらないように、
まんなかから
ゆっくり
はって

かぶったら
おひめさまになれちゃう！

いろんな
もようが
あるね

何まいも
はっても
きれいだよ

こまかくつなげて、かざりをつくろう

クリップの
シャンデリア

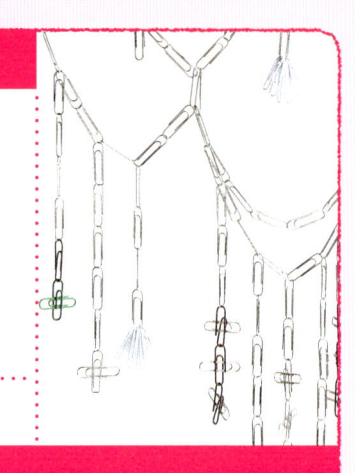

これができる！　クリップをつなげれば、キラキラ美しいもようがえがけます。
おへやにかざって、おひめさま気分！

用意するもの

ハンガー　　　　　クリップ

1 ハンガーを内がわに曲げる。

ぐいっ

2 クリップをつなげる。ハンガーにくっつけて、すきなもようのシャンデリアをつくる。

ていねいにやればできるよ

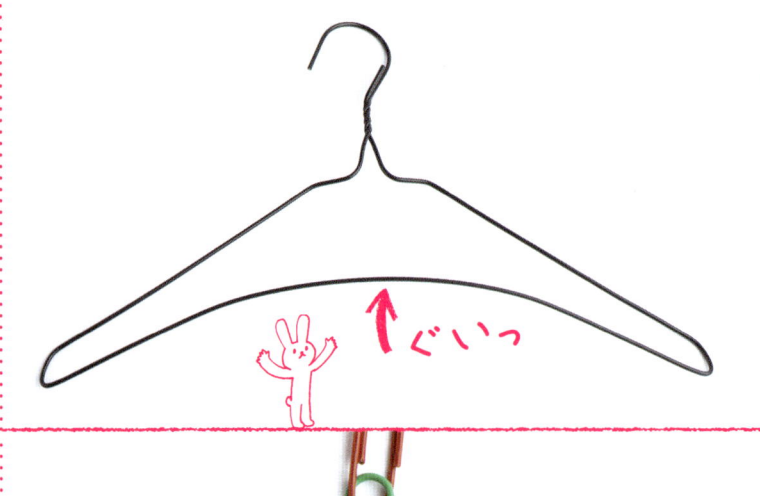

クロスでつける

たくさんつける

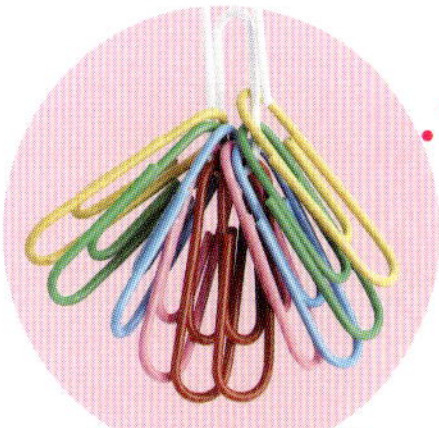

ほかにも！

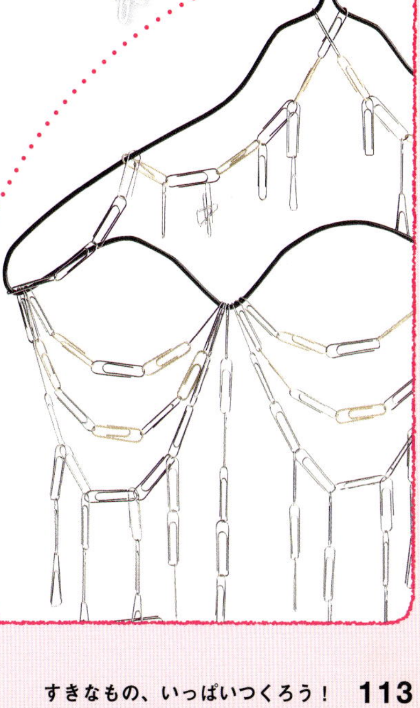

いろいろなクリップをあつめてみよう！

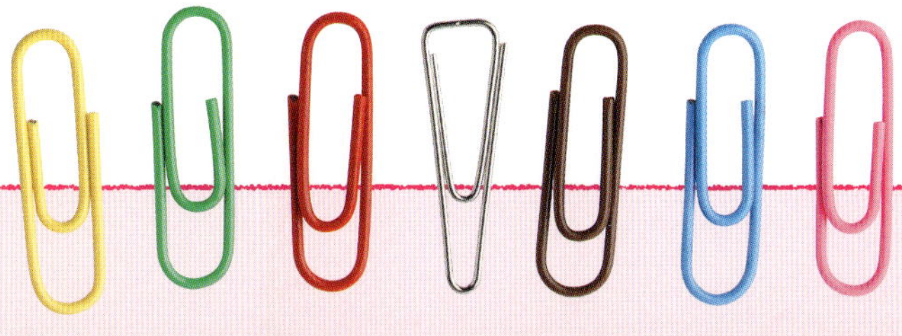

ふわふわの人形をつくろう！

エアーパッキンの テディベア

これができる！ 型紙のように、長さをはかってパーツをつくれば、手芸のようなおもしろさが体験できます。

用意するもの

エアーパッキン

はさみ

セロハンテープ

リボン

ボタン

60cm

15 cm

エアーパッキンをはさみで切り、7まいにする。それぞれ、あたま、手足、からだをつくる。

1

これを 1まい

あたま

これを 4まい

手足

これを 2まい

からだ

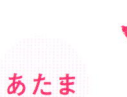

1まいまるめてテープでとめ、ボールにする。

1まいずつまるめて、ぼうを4本つくる。それぞれ上と下をテープでとめてまるくする。

2まいかさねてまるめ、上と下をテープでとめてまるくする。

2

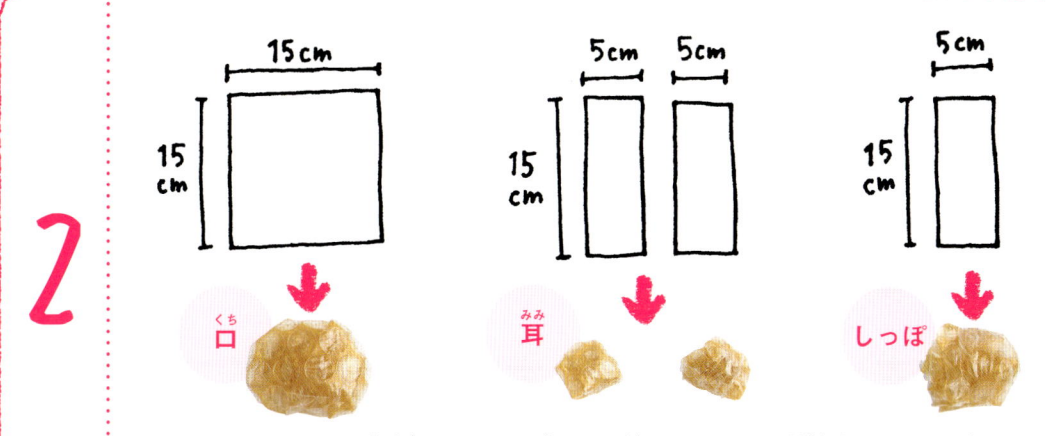

15cm
15cm
口 くち

5cm 5cm
15cm
耳 みみ

5cm
15cm
しっぽ

エアーパッキンを四角く1まい切って口をつくる。細長く3まい切って、耳としっぽをつくる。それぞれまるめてテープでとめ、ボールにする。

3

しっかり
つけてね

テープですべてくっつける。

ボタンを目と鼻にし、テープをはる。

ふわふわで
かわいいね

リボンをむすんで
できあがり！

ひめの
おともだちだよ

へんしん！

ヒーローのマスク（すがおをかくせ！）

これができる！　型をとってみると自分のかたちがわかってきます。
小さな穴からのぞく世界は、なにかがちがう？

用意するもの

アルミホイル

えんぴつ

マジック

セロハンテープ

1

ぎゅっ

アルミホイルをあたまにのせ、ぎゅっとおしつける。

ポイント
● アルミホイルを出すのは1mくらいが目安です。
● おうちの人におしつけてもらってもOk。

2

あたまのかたちになった！

目の部分にしるしをつける。あたまからはずして、くずれないようテープをたくさんはる。

3

目の部分をマジックで黒くぬり、内がわからえんぴつの先をさして、あなをあける。

目玉の部分にたくさんあけておこう！

ポイント
● 黒くぬっておけば、あなが目立ちません。

くふうしてみよう

テープをたくさんはるとじょうぶになるよ

すきなもようをつけよう！

おりがみや
ビニールテープ

アルミホイルをまるめてから平らにする

長さもじゆうじざい！

ヒーローの
へんしんベルト

／ へーんしん！

これができる！　カラフルなテープでかっこいいベルトの完成！
かざりつけで自分らしさを出していけます。

用意するもの

いろいろな色の
ようじょうテープ

いらないようき
など

1

はりつく面　　半分をおって

\ ペタ！ /　　ひっくりかえして

ようじょうテープを切って、はりつく
面を上にして半分おりかえす。

ちがう色のテープを、半分ずらしてくっ
つけ、ひっくりかえす。

2

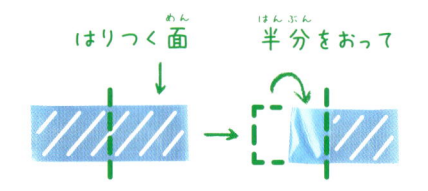
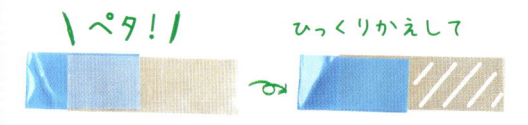

\ ペタ！ /　　ひっくりかえして

\ ペタ！ /　　ひっくりかえして

\ ペタ！ /

もう1まいずらして
かさね、ひっくりか
えす。これをくりか
えしてベルトにする。

3

長さを
ちょうせつ

おなかにまいてみ
て、みじかければ
テープをふやす。

4

ベルトのさいごをよ
うじょうテープでと
める。

はじをすこし
おっておくと、
はずしやすいよ

5

ヒーローさんじょう！

いらないようきでか
ざりをつくって、くっ
つけよう！

おりがみや
シール

おかしの箱

ペットボトルの
ふた

ヒーローをひっかけ！
あくまの右手

これができる！ 文房具も、つくる材料になっちゃいます。
指サックをつければ、本物の指みたい！

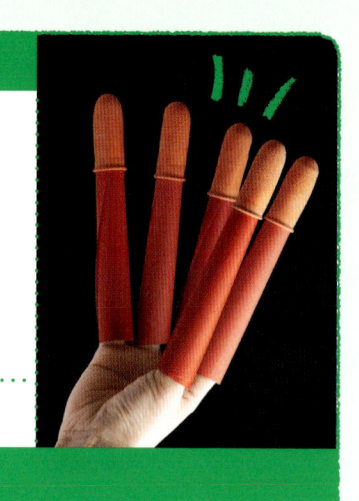

用意するもの

指サック　　　おりがみ

1

くる

← くる

おりがみをくるくる
とまるめ、指サック
にさしこむ。

指サック
● たくさんの紙をめくるとき
に使う、べんりなぶんぼう
ぐです。

2

同じように、5本の
指をつくる。

べつべつの
色にしても
いいよ

120

右手の指にはめる。

3

長い指で
あいてを
こうげき！

ポイント
● ぬけやすければ、指のふとさになるようにテープでとめましょう。

くふうしてみよう

コピー用紙を
使って、もっと
長い指のあくま！

おりがみの先を
ねじって
とがらせた
指のあくま！

なんのお店をつくろうかな？

ケーキの箱のお店

これができる！ 箱の持ち手をやねに見立てたお店です。いろんなお店をつくって、ミニチュアの世界を感じられます。

用意するもの

ケーキの箱　　　　ペン　　　　はさみやカッター

ここでは
青の線を切る、
赤の点線をおる
ようにしているよ。

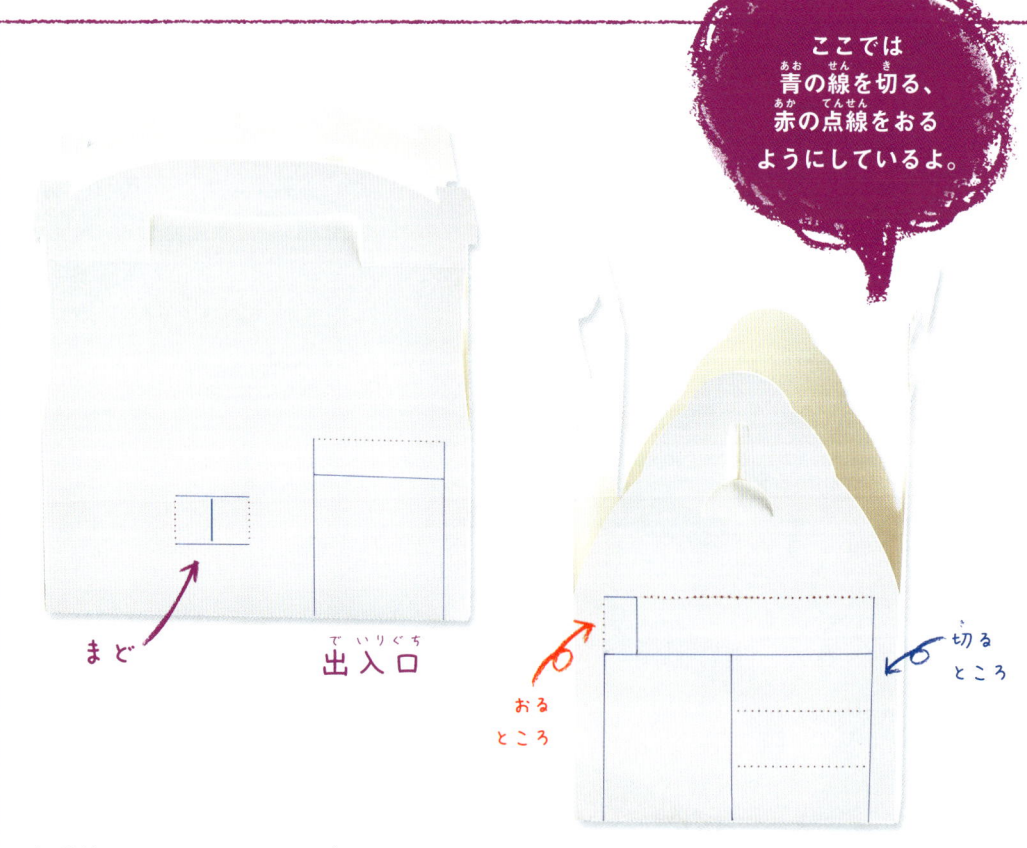

まど　　　出入口

おる
ところ

切る
ところ

出入口とまどをつくる。切るところとおるところに、ちがう色の線をひく。

2

おる線（せん）にすじをつけ、
切（き）る線（せん）をカッターや
はさみで切（き）る。

ポイント
● カッターがあぶなければ、
　おうちの人（ひと）が切（き）ってあげ
　てください。

パン屋（や）さん？
コンビニ？
なんのお店（みせ）を
つくる？

おり曲（ま）げたら、
お店（みせ）やさん！

いらっしゃいませー！

指でおしつけ、ぎゅぎゅっとかためよう

アルミホイルの
フライパン

じゅーじゅー

これができる！　金属であるアルミホイルと金属のスプーンで、
フライパンという金属の道具をつくれます。

用意するもの

スプーン

アルミホイル

1

スプーンにアルミホ
イルをまきつける。

ポイント
● アルミホイルを出すのは
　20cmくらいが目安です。

2

横のかべも
ていねいに
つくろう

ぎゅぎゅっ

スプーンにおしつけ
ながら、フライパン
のかたちに整える。

フライパンをふって
みよう。重さもあって、
指にしっくりくる。

3

大きなスプーンで
大きなフライパン

小さなスプーンで
小さなフライパン

さらに大きくまるくして、
ちゅうかなべ

四角くして玉子やきき

黒くぬって
テフロンの
フライパン

くしゃくしゃもんで、へい！ おまち！

ふうとうのざるそば

これができる！ 身近な文具を使って、そばづくりが体験できます。
ぐしゃぐしゃ広げて、もむのがたまらない〜！

用意するもの

ふうとう

はさみ

セロハンテープ

いらないようき
など

そばをつくる

くる
くる

ふうとうをまるめる。

ポイント
● すじ入りのふうとうだと、細いそばをつくりやすくなります。

2

これくらい

はさみで細く切って、めんをつくる。

3

手でもみほぐしたら、皿にもって、できあがり。

ポイント
がらのあるようきなら、ふんいきのある皿になります。もちろん、ふうとうでつくっても OK！

はしをつくる

ふうとうを、たてに細長くまるめる。

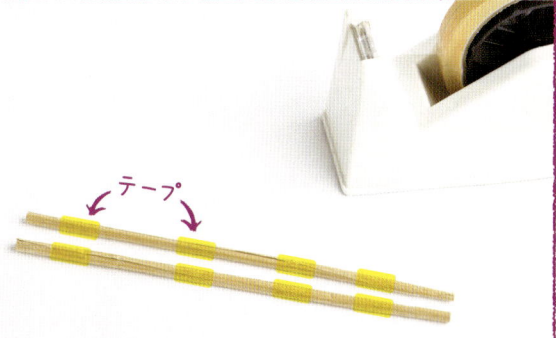

テープ

テープでとめる。

ぜーんぶ
ふうとう！

ふうとうの
はしおき

ふうとうの
そばちょこ

ふうとうの
はし

はがきで、わんわん！

犬のおさんぽ

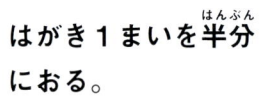

これができる！　あつさとかたさが、ちょうどよいはがき。
あまった年賀状があれば、ぜひ使ってみてください。

用意するもの

 なければ あつ紙でもOK
はがき

マジック

せんたくばさみ

ひもや毛糸

1

はがき1まいを半分におる。

2

鼻、目、口、耳、しっぽをかき、せんたくばさみの足をつける。

 わんっ！

3

前足のせんたくばさみでひもをはさむ。ひっぱれば、犬のおさんぽのはじまり！

せんたくばさみの角度をかえたら走っているみたい！

くふうしてみよう

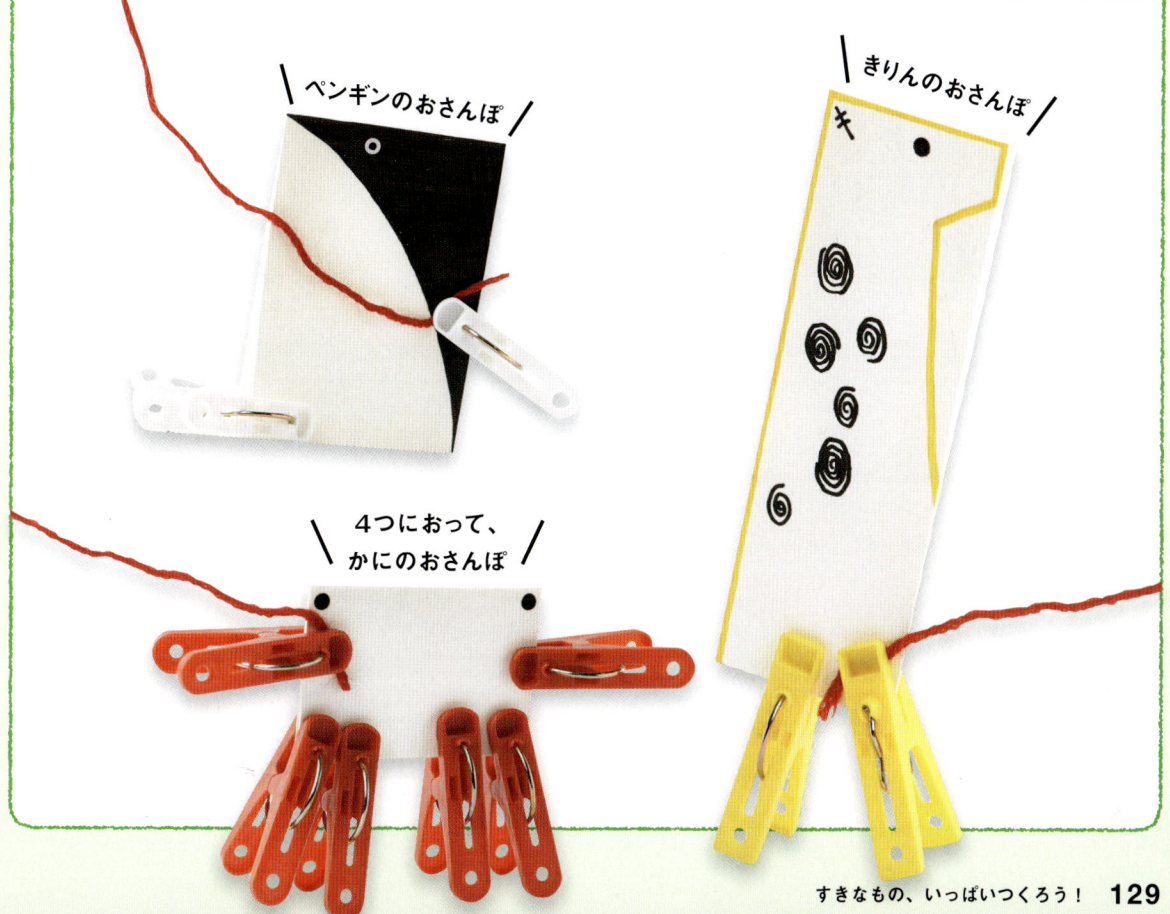

ペンギンのおさんぽ

きりんのおさんぽ

4つにおって、かにのおさんぽ

ねんどみたいにじゆうにつくれる！

アルミホイルの
アルパカ

これができる！　軽く曲げやすく、かたちをつくりやすい、アルミホイル。
想像力ゆたかに、生み出しましょう。

用意するもの

アルミホイル

1

たてにくるくる

アルミホイルを出して、たてにまく。

ポイント
● アルミホイルを出すのは20cmくらいが自安です。

2

からだをつくるよ！

ぎゅっ！

かるくねじって1本のぼうにする。これがからだになる。

3

ぎゅ　みじかい　足だよ

からだだよ　長い

アルミホイルを横にまいてねじる。2本つくって足にする。

4

立った！

できあがり！

からだの上に足を2本おく。

おり曲げて足を4本にする。

足をねじってずれないようにし、からだの先を曲げて顔にする。

くふうしてみよう

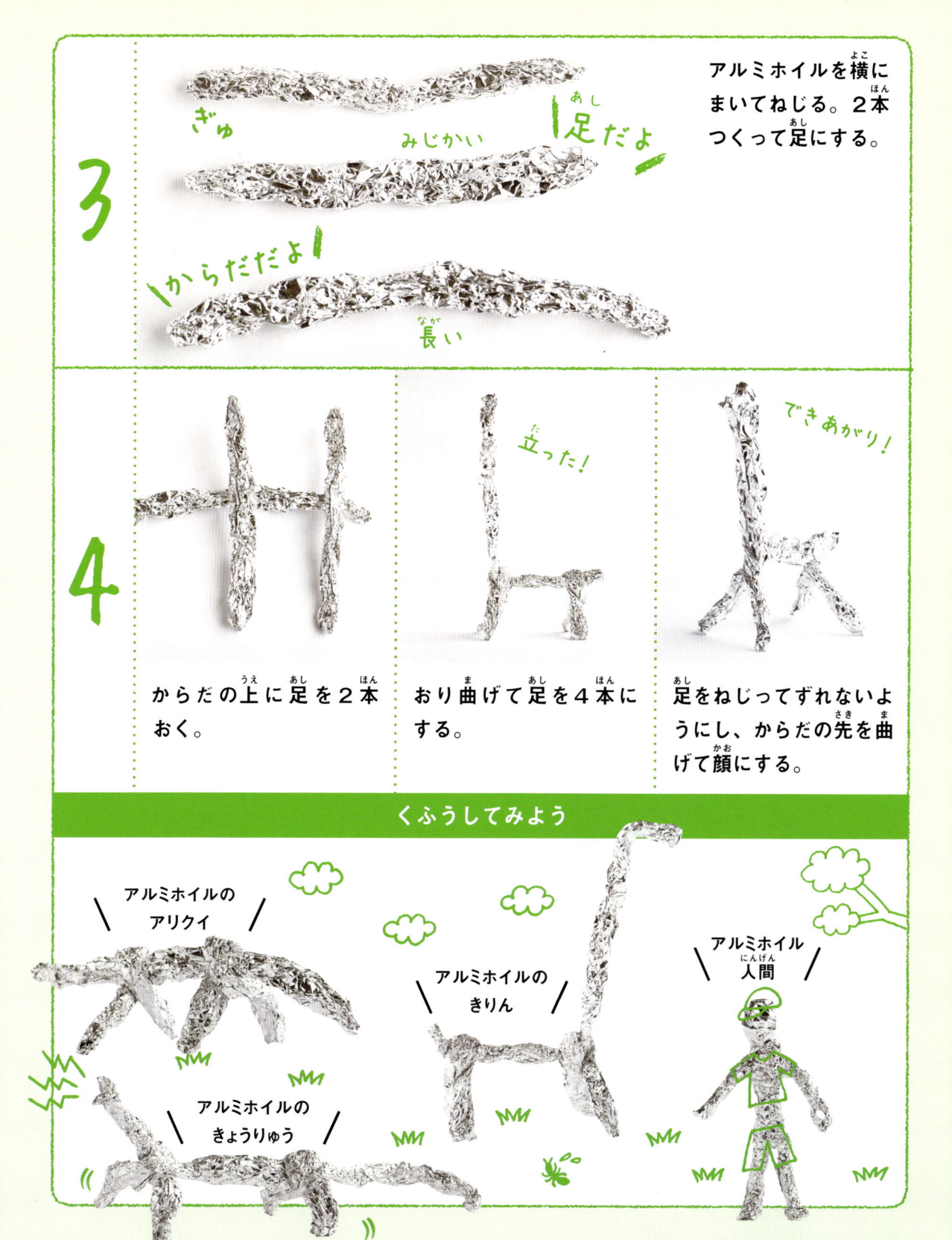

アルミホイルのアリクイ

アルミホイルのきりん

アルミホイル人間

アルミホイルのきょうりゅう

しっぽを感じてみよう

しっぽのある生活

これができる！ しっぽをつけるという新しい体験。
おしりにつっくけて生活してみると、ふしぎな感覚が味わえます。

用意するもの

ストッキング
（または長いくつした）

おもちゃのボール

新聞紙

1

ストッキングにおも
ちゃのボールを1つ
入れる。

わくわく

ポイント
● ボールがなければ、別の
ものをためしてみよう。

2

新聞紙を半分に切る。

ぐしゃぐしゃの丸にする。

ストッキングに入れる。

3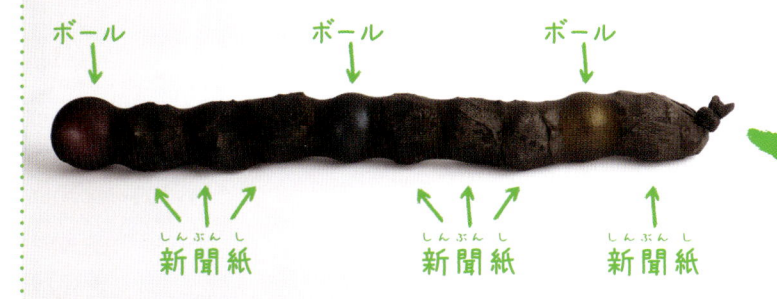

ボール　ボール　ボール

じゅんばんに入(い)れて、口(くち)をむすぶ。

長(なが)さや
じゅんばんは
かえてもいいよ！

新聞紙(しんぶんし)　新聞紙(しんぶんし)　新聞紙(しんぶんし)

4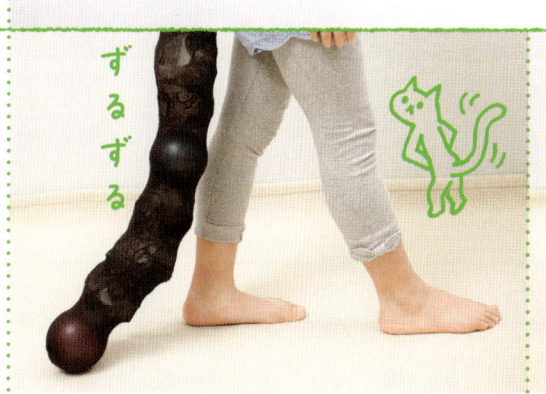

ずるずる

しっぽをつけて歩(ある)いてみよう。

ぷらーん

しっぽをつけてすわってみよう。

くふうしてみよう

ベルトとせんたくばさみのしっぽ

ひもと手(て)ぶくろのしっぽ

おとなと同じ、がうれしい！
けいたい電話とスマートフォン

プルルル…

これができる！　パカッと開ける電話、つるつるで持ちやすい電話をつくって、おとな気分を楽しみましょう。

用意するもの

 だんボール

 はさみ（またはカッター）

 のり

 セロハンテープ

 マジック

 丸シール

けいたい電話

1

5㎝
8㎝
だんボールを4まい同じ大きさに切る。

2
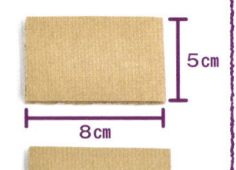
2まいをかさねてのりではりあわせる。これを2つつくる。

3

くっつけて、かたがわだけテープでとめる。

4

できあがり
マジックで黒くぬって画面にする。丸シールをはってボタンにする。

1

7cm

14cm

だんボールを2まい同じ大きさに切る。

2

マジックで黒くぬり、えきしょう画面をつくる。

3

横にもテープをはってね

テープをすべての面にはる。丸シールをはってボタンにする。

4

できあがり

つるつる

手ざわりをたしかめよう。もったら、しっくりくる大きさ。

くふうしてみよう

ボタンをおしてみよう

すきな画面をつくってあそぼう

写真や絵を切ってはってみよう

しょくにん気分で、アルミホイルをトントントン！

コインづくり

これができる！ ていねいにたたいて、すこしずつかたくなっていく過程が楽しく、こどもの集中力が発揮されます。

用意するもの

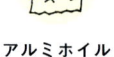

アルミホイル

つみきなど
かたいもの

マジック
（あれば）

1

アルミホイルを出し
まるめる。

ポイント
● アルミホイルを出すのは
30cmくらいが目安です。

2

ぎゅっとかためて、
まんまるにする。

ていねいに
まるめて

3

トントン

トントン

かたいものでたたいて、アルミホイルをていねいにつぶす。

> コインになあれ！ときもちをこめてね

上から ↓

トントントン

横からかるく →

トントン

うらがわも ↩

トントントン

4

ひらたくかたちを整える。

> マジックでもようをかいても楽しいよ！

どんなものでたたく？

\つみき/

\ガムテープ/

\かんでんち/

\かなづち/

◎ たたきやすくておすすめ

○ あんぜんだよ

△ たたきやすいけど気をつけて

△ たたきすぎたらあぶないかも

紙のふくろを使いこなそう！

ふうとうでバッグをつくる

これができる！　事務用品が大変身！　マチのつくり方をこれで学べば、ほかの紙でもバッグがつくれます。

用意するもの

ふうとう

はさみ

のり

マスキングテープ
またはセロハンテープ

1

ふうとうの下をはさみで切りとる。

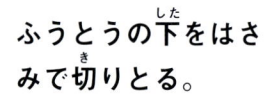

いろいろな
サイズがあるよ！

2

ふうとうの下から3分の1くらいでおる。

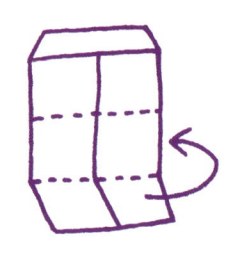

3

ひらいたら、両はじを三 角におる。	①と②がかさなるよう におり、のりでとめる。	マスキングテープでとめ て、ふくろをとじる。

4

口を内がわにおり、
ひらくとバッグに
なっている。

持ちてを
つけてみよう！

いろんな
ふうとうで
つくってみよう！

ぎゅうにゅうパックでつくって
手がたの手紙をおくる

これができる！　自分の手がたが、多くの人の目にふれられて、また自分にかえってくる、ふしぎな経験ができます。

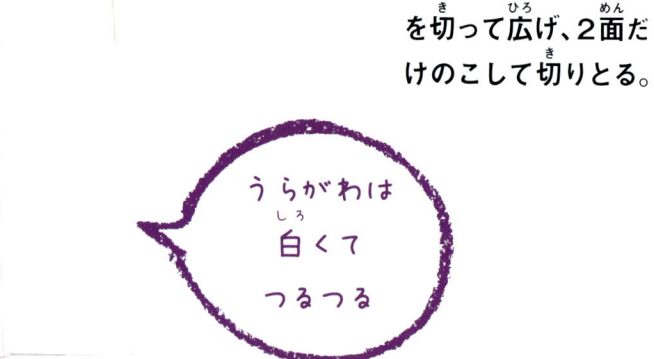

用意するもの

あつ紙でもOK

ぎゅうにゅうパック

マジック

はさみ

切手

1

ぎゅうにゅうパックを切って広げ、2面だけのこして切りとる。

うらがわは
白くて
つるつる

2

手をおいて、マジックで線をひき、手がたをとる。

140

3

ちょき
ちょき

はさみでていねいに
切りとる。

4

□□□-□□□□

○△□××1-2-3

やまだ たろう さま

切手をはり、じゅう
しょ、ゆうびん番
号、名前をかく。ポ
ストのあるところか
ゆうびんきょくに行っ
て、手紙を出そう。

いろいろな人が、
君の手がたを見ながら
とどけてくれるよ！

手紙をおくるのは
自分でも
おうちの人でもいいよ

ゆうびん
やさん
ありがとう

春を感じよう
さくらで
さくらの絵をかこう

これができる！　さくらの美しさを感じ、花びらでそれを再現します。
セロハンテープでとじこめた花びらを長く楽しんで。

用意するもの

さくらの
花びら

ふくろ

黒画用紙
（だんボールでもOK）

クレヨン

セロハンテープ

1 さくらを見に行こう。

2

さくらの花びらをひ
ろってこよう。

ふくろを
持って行って、
おちている花びらを
ひろってね！

3

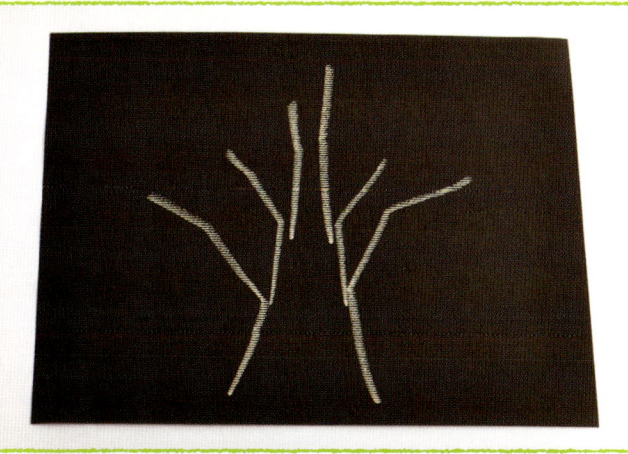

黒画用紙にクレヨンでさくらの木のみきをかく。

4

セロハンテープでさくらの花びらをはっていき、さくらをさかせよう。

空気が入らないようしっかりはろう

さくらがさいた！

夏にひんやり、見てふしぎ

こおりのたからもの

これができる！ 　好きなものをとじこめて、きれいでふしぎなこおりづくり。
さいごはとけて、消えてしまう切なさも味わって。

用意するもの

れいとうこ

ぎゅうにゅう
パック

計りょうカップ

ビー玉

おはじき

1

1日目

ぎゅうにゅうパックに
200ccの水をはかっ
て入れ、こおらす。

2

前の日につくった
こおりの上に入れる

2日目

ビー玉を10こくら
い入れ、200ccの水
を入れて、ふたたび
こおらす。

144

3

おはじきを10こくらい入（い）れ、200ccの水（みず）を入（い）れてこおらす。

4

4日目（よっかめ）

ビー玉（だま）を入（い）れ、200ccの水（みず）を入（い）れてこおらす。

さいごの4だんめ！

5

こおってる！

5日目（いつかめ）

ぎゅうにゅうパックを切（き）って、こおりを取（と）り出（だ）す。

くふうしてみよう

\ ブロック / \ ビーズ / \ せんたくばさみ / \ キャップ /

秋に楽しい！
紙ぶくろの
ハロウィンおばけ

ヒヒヒヒ…

これができる！ ちゃんと外も見える、おばけのかぶりものです。
紙だから絵がかけるし、形も自由にかえられます。

用意するもの

紙ぶくろ

マジック

えんぴつ

1

うーん、
どこだろう？

紙ぶくろをかぶって
目の場所をさがし
て、しるしをつける。

2

きゅ

きゅっ

マジックで大きな目をかいて、えんぴつであなをあける。

このあなから
外が
見えるよ

3

口をかいたら、紙ぶくろをかぶってみよう。

くふうしてみよう

きょうふのかお

かぼちゃ

ドクロ

冬のまどにかざろう！

マスキングテープの
クリスマスツリー

これができる！　かんたんにはがせる楽しいかざり。
絵やもようをかくように自由にはって、イメージ力を高めましょう。

用意するもの

マスキングテープ

おうちのまどに、マスキングテープで、クリスマスツリーをつくろう！

いろいろなマスキングテープ

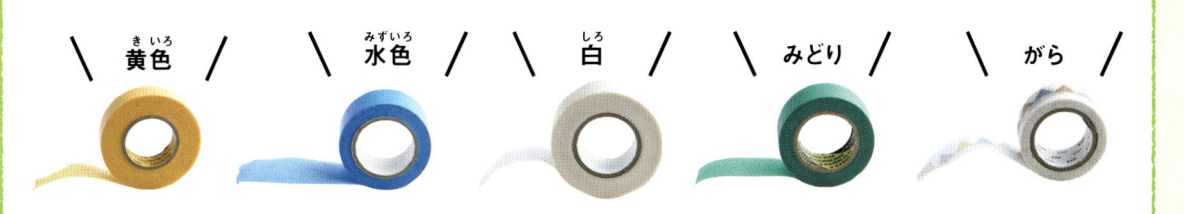

黄色（きいろ）　水色（みずいろ）　白（しろ）　みどり　がら

こんなかざりをつくってみよう

プレゼント

ゆきの
けっしょう

ダイヤ

スティック

トナカイ

ブーツ

サンタの
ぼうし

もみの木（き）

ケーキ

正月にふって運だめし！

おみくじさいころ

これができる！　展開図から立方体をつくったら、ふって楽しいおみくじにできます。数学的感性がみがかれます。

用意するもの

 ぎゅうにゅうパック

 マジック

 じょうぎ

 はさみ

 セロハンテープ

1

① ② ③ ④ ⑤ ⑥

ここは切りとる

ぎゅうにゅうパックをひらき、①〜⑥の正方形ができるように線をひき、切る。

点線の部分には、はさみでうすく線をひき、へこませる

2

おってさいころをつくり、テープでとめる。

ペタ
ペタ

150

3

おもて　　うら

吉　大吉　凶　末吉

さいころを
ふって
おみくじをしよう

1面ずつ、大吉、中吉、小吉、吉、末吉、凶の6しゅるいをかく。

くふうしてみよう

\ たべものさいころ /

こんやのこんだてを
きめよう

\ おてんきさいころ /

あしたてんきになあれ！

\ じゃんけんさいころ /

2こつくってしょうぶ！

\ 顔のさいころ /

こんな顔してみよう

\ 1と6だけさいころ /

かくりつは2分の1

\ 数字のさいころ /

数と数字をおぼえよう

だれも知らない

3日間のひみつをつくる

これができる！　ひみつをかかえるドキドキ、ひみつをオープンするワクワク。
いろんなきもちが味わえます。

用意するもの

あめのつつみ紙

石や
ビー玉

おりがみ

ペンなど

リボンや
わゴム

ひみつをつくる

1

あめのつつみ紙を
とっておき、ひろっ
た石などをくるむ。

2

なかみは
ひみつだよ

石の入ったあめので
きあがり。どこかに
かくそう。

たとえば…
● テレビのうしろ
● ひき出し
● おふろば　など

152

3

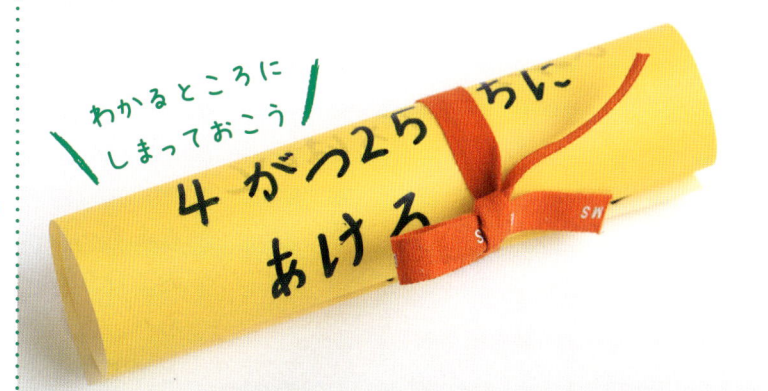

おりがみのうらに、

- つくった日（ひ）
- ひみつのないよう
- 自分（じぶん）の名前（なまえ）
- かくした場所（ばしょ）

をかく。

4

わかるところに
しまっておこう

おりがみのおもてに3日後（みっかご）の日（ひ）にちをかき、まるめてリボンやわゴムでとめる。

3日後（みっかご）

ついに
ひみつをばらす
とき！

3日（みっか）たったら、ひみつの文書（ぶんしょ）をひらき、ひみつを見（み）つけに行（い）こう！

ポイント

- なにをかくすか、どこにかくすか楽（たの）しく考（かんが）えて、かえてみましょう。

ぐるぐる入って、ぐるぐる出てくる！

うずまきがた
ひみつきち

これができる！　出入りも楽しく、かんたんに立つ、だんボールハウスです。
かさをやねにして、布でおおうと、別世界！

用意するもの

だんボール箱3こ　　　はさみ　　　　ガムテープ　　　　かさ　　　　シーツや布

1

だんボール箱をはさみでひらく。3つならべ、ガムテープでとめてつなぐ。

2

まいて、うずのかたちにする。

ぐるぐる
うずまき！

3

かさを持ってうずの中に入り、上からシーツなどをかぶせてもらう。

どきどき

こしょこしょ

箱にかさをのせるとラクだよ

ひみつきちでなにをする？

ひみつきちにあるとべんりなもの

- マジックやクレヨン
- マスキングテープ
- 小さなだんボール箱
- 白い紙
- ライト
- ひみつのもの

なにを使ってつくる？
長くてくらい
トンネルきち

これができる！　どんな材料が使えるか、どうすればたてられるか。
考えること自体が楽しくなってきます。

用意するもの

はさみや
カッター

きちの材料に
なりそうなもの

たとえば…
- だんボール
- シーツや布
- ガムテープ
- 新聞紙や空き箱
- テーブルやいす
- アルミホイル など

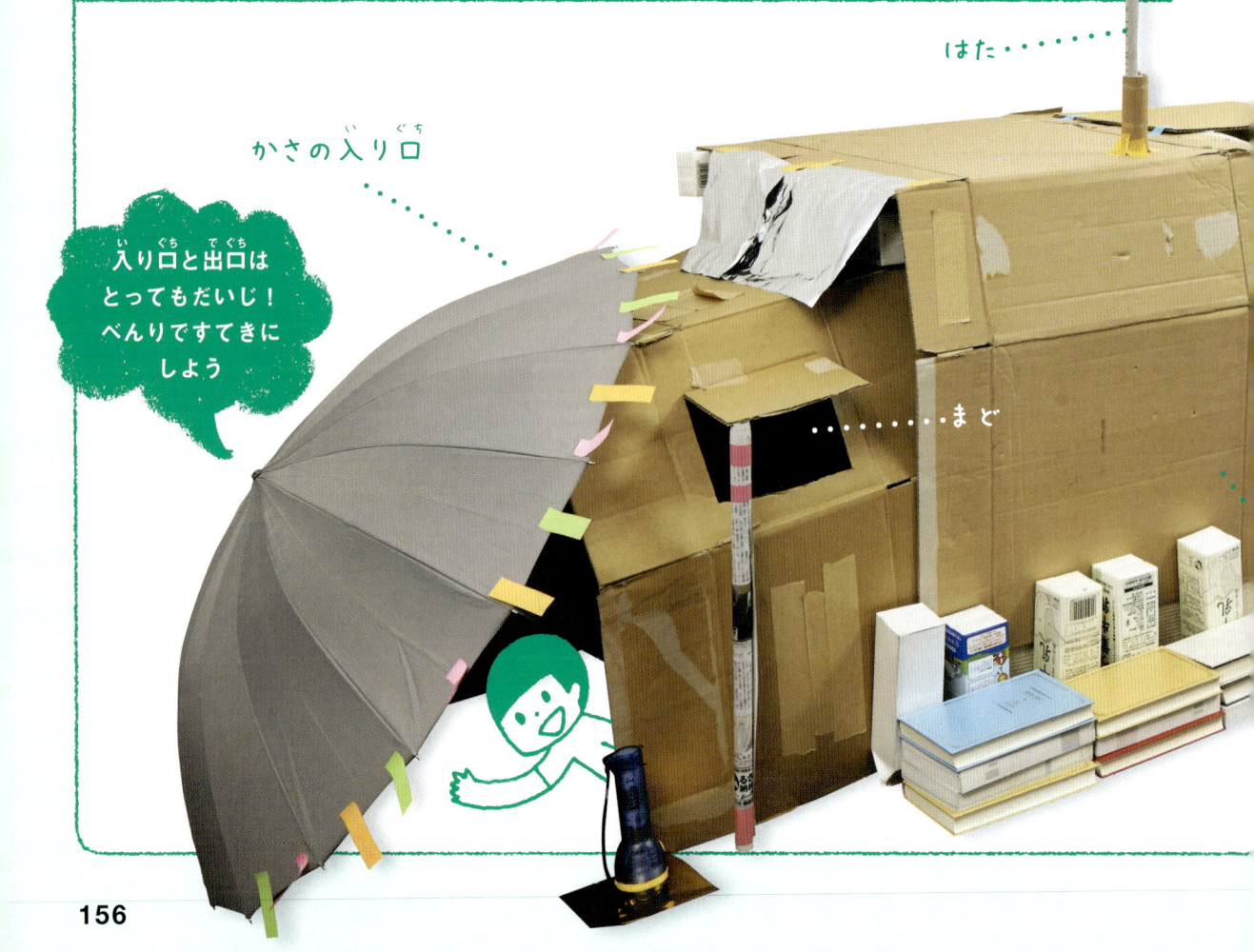

はた

かさの入り口

入り口と出口は
とってもだいじ！
べんりですてきに
しよう

まど

でっかいきちをつくっちゃおう！

いすにシーツをかぶせる

光がもれていたら、アルミホイルとガムテープでとめてふさごう。

新聞紙をまるめてささえにする

テーブルを布でおおい、本でおさえる

箱をつみあげてだんボールでおおう

ひみつのパーティー

おもなざいりょう別 さくいん

あ

あめのつつみ紙 152

アルミホイル 40 94 116 124 130 136

エアーパッキン 34 68 114

か

紙コップ 30 84 90

紙皿 56

紙ぶくろ 146

ぎゅうにゅうパック 76 82 88 100 140 144 150

クリアファイル 46 74

クリップ 32 46 112

ケーキの箱 122

さ

さくらの花びら 142

ストッキング 132

ストロー 30 32 50 58

スポンジ 64 66 78

セロハンテープ 86

せんたくばさみ 38 60 72 80 128

た

だんボール 44 134 154 156

は

はがき 128

ビニールタイ 62

ビニール手ぶくろ 102

ひもやリボン 54

ふうとう 126 138

ペットボトル 34 42 48 92

本やノート 52 96 98

ま

マスキングテープ 148

や

指サック 120

ようじょうテープ 118

ら

レースペーパー 110

レジぶくろ 28 70 100

わ

わゴム 36 70 74

わりばし 38 80 104

スタッフ

ブックデザイン	AD：渡邊民人、D：串田千晶（TYPEFACE）
撮影	岡本寿
制作協力	カブ（深沢アート研究所）、川辺巻威子、八重樫紗樹、秋本理恵
モデル	青山鈴央、青山侑未、小野芽愛、嘉多祐乃、嘉多杏莉、杉坂つきな、日向粋菜、本田佳菜子、村上仁香
イラスト	佐藤香苗
編集協力	大澤芽衣（バブーン）
校正	株式会社 鷗来堂

おわりに

私はこれまで、造形教室とワークショップを20年以上ひらいてきて、
こどもたちが何かをつくる場にずっと接してきました。
そんななかで今回、現代のこどもたちが
「あっ、つくってみたいな」「あっ、いいこと思いついた！」と
心から感じて実際につくれるものを大切にし、一冊の本にまとめてみました。

この本を読むときはぜひ、
こどもが考えたことや思ったことを試して、
工夫させてあげてください。
こどもそれぞれのきもちが、
それぞれのかたちになっていく過程が大切だと思うのです。

こどもがなにかをつくるとき、私たちおとなにできるのは、
こどもが本来もっている「つくりたいきもち」の
膨大でややこしいエネルギーを放出させるための、
良質なきっかけや環境を与えることです。
そして、こどもの得た感覚や体験に共感することは、
「上手だね」と作品という結果をほめるよりも、大切なのです。
そうやって、こどもの心がそれぞれのペースで成長していくのを、
そっと見守ってあげてほしいと思います。

こどもの工夫やつくりたいきもちは、
「美しいこと（アート）」です。

深沢アート研究所
山添 joseph 勇

●著者

山添 joseph 勇（やまぞえ ジョセフ いさむ）

美術家。深沢アート研究所代表。東京造形大学卒。
インスタレーションや空間、平面、立体、映像コミュニケーションなどの
作品を制作。また、現代美術を基軸とした、こども造形ワークショップ
の企画・実施、造形プログラムも制作している。こどもにとっての「つくる」
の講演、大学・教育機関での講義を行うほか、工作番組・メディア制作、
NPO法人、ARTプロジェクト、地域プロジェクトなど、さまざまな分野
で活動している。

深沢アート研究所

2003年設立。著者とカブ（美術家、緑化研究者）によるアートユニット。東京都世田谷区深沢を拠
点に活動している。こども造形教室、緑化研究室、国内外でのこども造形ワークショップや現代美
術の作品制作・発表などを行っている。
http://www.hukalabo.com

こどもがたのしくつくる

はじめてのこうさく

著 者	山添 joseph 勇
発行者	高橋秀雄
編集者	外岩戸春香
発行所	高橋書店

〒112-0013　東京都文京区音羽1-26-1
編集 TEL 03-3943-4529 / FAX 03-3943-4047
販売 TEL 03-3943-4525 / FAX 03-3943-6591
振替 00110-0-350650
http://www.takahashishoten.co.jp/

ISBN978-4-471-12353-6